Internationale Migration

Reclam Sachbuch

Khalid Koser

Internationale Migration

Aus dem Englischen übersetzt
von Manfred Weltecke

Mit 13 Abbildungen

Philipp Reclam jun. Stuttgart

Titel der englischen Originalausgabe:
Khalid Koser: International Migration. A Very Short Introduction.
New York [u. a.]: Oxford University Press, 2007

RECLAMS UNIVERSAL-BIBLIOTHEK Nr. 18693

Gestaltung: Cornelia Feyll, Friedrich Forssman
Gesamtherstellung: Reclam, Ditzingen. Printed in Germany 2011

ISBN 978-3-15-018693-0
www.reclam.de

Inhalt

1 Warum Migration ein wichtiges Thema ist

Es gibt heute mehr internationale Migranten als je zuvor, und ihre Zahl wird in absehbarer Zukunft – auch aufgrund der Folgen des Klimawandels – sicherlich noch weiter zunehmen. Fast jedes Land der Welt ist von der Migration betroffen, und dies wird auch künftig der Fall sein. Das Phänomen der Migration ist mit anderen wichtigen globalen Problemen untrennbar verbunden, einschließlich solcher, die mit Fragen der Entwicklung, der Armut und der Menschenrechte zusammenhängen. Migranten sind oftmals die dynamischsten Mitglieder einer Gesellschaft, sie entfalten eine erhebliche unternehmerische Aktivität. Im Laufe der Geschichte hat die Migration zwar wirtschaftliche Entwicklungen ermöglicht, die Entstehung von Staaten gefördert und Kulturen bereichert, sie stellt jedoch auch eine beträchtliche Herausforderung dar. Manche Migranten werden ausgebeutet, und ihre Menschenrechte werden missachtet. Ihre Integration in den Zielländern kann sich als schwierig erweisen, und in ihren Ursprungsländern kann es zu einem Mangel an qualifizierten Arbeitskräften kommen. Aus allen diesen und noch weiteren Gründen ist Migration ein wichtiges Thema.

Eine kurze Geschichte der internationalen Migration

Die Geschichte der Migration beginnt mit dem Ursprung der Menschheit im Rift Valley in Afrika. Von dort aus haben sich *Homo erectus* und *Homo sapiens* im Zeitraum von etwa 1,5 Millionen Jahren ausgebreitet, zunächst nach Europa und später dann auch auf den anderen Kontinenten. In

Abb. 1: Die weltweit am häufigsten überquerte zwischenstaatliche Grenze ist die zwischen den USA und Mexiko. Sie wird jährlich von etwa 350 Millionen Menschen passiert.

der Antike hingen die griechische Kolonisation und die Expansion des römischen Reiches von der Migration der Menschen dieser Kulturen ab. Auch außerhalb Europas gab es größere Migrationsbewegungen. Sie standen mit den Reichen in Mesopotamien, den Reichen der Inkas und am Indus sowie mit dem Imperium der Zhou-Dynastie in China in Zusammenhang. Zu den sonstigen wichtigen Migrationen der frühen Geschichte gehören die Migration der Wikinger sowie die Kreuzzüge in das Heilige Land.

Dem Migrationshistoriker Robin Cohen zufolge kann man in der neueren Geschichte, d. h. in den letzten zwei- oder dreihundert Jahren, eine Reihe wichtiger Migrationsperioden und -ereignisse erkennen. Das wichtigste Migrationsereignis des 18. und 19. Jahrhunderts war wahrscheinlich die gewaltsame Verschleppung von Sklaven. Man schätzt, dass etwa 12 Millionen Menschen, hauptsächlich aus dem Westen Afrikas, über den Atlantik in die Neue Welt gebracht wurden, in geringerer Zahl auch über den Indischen Ozean und das Mittelmeer. Sieht man einmal vom zahlenmäßigen Umfang dieser Migration ab, so ist sie deshalb besonders bedeutsam, weil sie in den Nachkommen der Sklaven, insbesondere in den Amerikanern afrikanischer Herkunft, bis heute noch sehr stark nachwirkt. Nach dem Ende der Sklaverei kamen angeworbene Arbeiter in großer Zahl aus China, Indien und Japan (allein aus Indien 1,5 Millionen), um auf den Plantagen der europäischen Kolonialmächte zu arbeiten.

Die koloniale Expansion europäischer Länder ging auch mit umfangreichen freiwilligen Umsiedlungen einher, insbesondere in die Kolonien und Dominions sowie nach Nord- und Südamerika. Alle großen Handelsmächte Europas – Großbritannien, die Niederlande, Spanien und Frankreich – unterstützten die Ansiedlung ihrer Staatsbürger im Ausland, und zwar nicht nur die Ansiedlung von Arbeitskräften, sondern auch von Bauern, regimekritischen Soldaten, Sträflingen und Waisen. Die mit dieser Machtausweitung zusammenhängende Migration ging mit dem

Aufkommen antikolonialer Bewegungen gegen Ende des 19. Jahrhunderts weitestgehend zu Ende. Für einen Zeitraum von etwa fünfzig Jahren kam es unmittelbar im Anschluss daran zu größeren Menschenströmen in umgekehrter Richtung, wie beispielsweise der Rückkehr von sogenannten *pieds noirs* nach Frankreich.

Die nächste Migrationsperiode zeichnete sich durch den Aufstieg der Vereinigten Staaten von Amerika zur Industriemacht aus. Millionen von Arbeitern aus den wirtschaftlich stagnierenden Regionen und repressiven politischen Regimen im Norden, Süden und Osten Europas, ganz zu schweigen von denen, die vor der irischen Hungersnot flohen, wanderten von den 1850er Jahren bis zur »Großen Depression« in den 1930er Jahren in die USA aus. Etwa 12 Millionen dieser Migranten gingen in Ellis Island im Hafen von New York an Land, von wo aus die Immigration überwacht wurde.

Die nächste Phase umfangreicherer Migrationen folgte auf das Ende des Zweiten Weltkrieges, als in der Nachkriegszeit in Europa, Nordamerika und Australien Arbeitskräfte benötigt wurden, um den Wirtschaftsboom in diesen Ländern aufrechtzuerhalten. In dieser Zeit kamen beispielsweise viele türkische und nordafrikanische Migranten zur Arbeit nach Deutschland bzw. Frankreich und Belgien. Auch die Migration von einer Million Briten als sogenannte »Ten-Pound-Touristen« nach Australien fällt in diese Zeit. Im selben Zeitraum standen andere Teile der Welt noch immer unter dem Einfluss der Entkolonialisierung. Am stärksten war dieser Einfluss, als im Jahr 1947 im Anschluss an die Teilung Indiens Millionen von Hindus und Muslims umsiedelten sowie nach der Gründung Israels, die ebenfalls zur Migration vieler Juden und Palästinenser führte.

In den 1970er Jahren ging die massenhafte internationale Migration von Arbeitskräften in Europa zu Ende, obwohl sie in den USA noch bis in die frühen 1990er Jahre anhielt. Das treibende Zentrum der Weltwirtschaft hat sich eindeutig nach Asien verschoben, wo die Migration von Arbeitskräften, im Gegensatz zu Europa und den USA, weiterhin zunimmt. Trotz eines zeitweiligen Rückgangs während der globalen Finanzkrise ist die Zahl der Arbeitsmigranten weltweit wieder sprunghaft angestiegen. In den letzten zwanzig Jahren hat, wie wir an späterer Stelle noch sehen werden, die Bedeutung der Migration von Asylsuchenden, Flüchtlingen und irregulären Migranten in der gesamten industrialisierten Welt ständig zugenommen.

Diese notgedrungen äußerst knappe Übersicht über die internationale Migration in der neueren Geschichte will nicht nur Argumente für die These liefern, dass es sich bei der Migration um kein neues Phänomen handelt, sondern auch auf Themen hinweisen, die im weiteren Verlauf öfter wiederkehren werden. Wir werden in den Folgekapiteln noch genauer darauf eingehen, auf welche Weise die Migration mit wichtigen globalen Ereignissen zusammenhängt, z.B. mit Revolutionen, Kriegen und dem Aufstieg und Untergang von Weltmächten. Es wird sich außerdem zeigen, dass die Migration mit wesentlichen Veränderungen verbunden ist, wie beispielsweise mit Wirtschaftswachstum, der Bildung von Staaten und mit politischen Umwälzungen. Ferner wird deutlich werden, dass die Migration auch mit beträchtlichen Problemen einhergeht, mit

Konflikten, Verfolgungen und Enteignungen. Das Migrationsgeschehen hat im Laufe der gesamten Geschichte eine wichtige Rolle gespielt; dies ist auch in der Gegenwart nicht anders.

Ausmaß und Dynamik internationaler Migration

Ein internationaler Migrant wird von den Vereinten Nationen (UN) als eine Person definiert, die mindestens ein Jahr außerhalb des Landes verbracht hat, in dem sich ihr regulärer Wohnsitz befindet. Gemäß dieser Definition schätzte die International Organization for Migration (IOM) im Jahr 2010 die Zahl der Migranten weltweit auf etwa 214 Millionen, wovon 15 Millionen Flüchtlinge sind. Dies entspricht in etwa der Bevölkerung von Brasilien, dem Land mit der weltweit fünfthöchsten Einwohnerzahl. Jeder fünfunddreißigste Mensch auf der Welt ist gegenwärtig ein internationaler Migrant.

Demnach sind nur 3 Prozent der Weltbevölkerung internationale Migranten. Die Migration wirkt sich allerdings nicht nur auf diejenigen Menschen aus, die ihren Aufenthaltsort wechseln. Wie in den Kapiteln des vorliegenden Buches im Einzelnen erläutert wird, hat die Migration außerdem wichtige soziale, ökonomische und politische Auswirkungen in den Ursprungs- und Zielländern der Wanderungsbewegungen. Stephan Castles und Mark Miller zufolge, den Autoren des einflussreichen, im Jahr 2003 erschienenen Buches *The Age of Migration*, kann es »sowohl in den industrialisierten als auch in den weniger entwickelten Ländern heute nur wenige Menschen geben, die von der Migration und ihren Auswirkungen nicht persönlich betroffen sind. Diese allgemeine Erfahrung ist zum Kennzeichen des Zeitalters der Migration geworden« (S. 5).

Die Zahl der internationalen Migranten hat sich in nur fünfundzwanzig Jahren mehr als verdoppelt. Allein in den ersten zehn Jahren des 21. Jahrhunderts ist sie um etwa 40 Millionen gestiegen (siehe Tabelle 1). Vor 1990 lebten die meisten internationalen Migranten in den Entwicklungsländern. Heute lebt die Mehrzahl von ihnen in den Industrienationen und ihr prozentualer Anteil an den Bevölkerungen nimmt zu. Zwischen den Jahren 1980 und 2000 stieg die Zahl der Migranten in den Industrieländern von etwa 48 auf 110 Millionen an, verglichen mit einem Anstieg von 52 auf 65 Millionen in den Entwicklungsländern. Im Jahr 2000 lebten etwa 60 Millionen Migranten in Europa, 44 Millionen in Asien, 41 Millionen in Nordamerika und 16 Millionen in Afrika. In Lateinamerika und Australien waren es jeweils 6 Millionen. Fast 20 Prozent der Migranten weltweit – etwa 35 Millionen – lebten im Jahr 2000 in den USA. Das zweitwichtigste Aufnahmeland war die Russische Föderation. Dort lebten 13 Millionen Migranten oder etwa 8 Prozent aller Migranten der Welt. In Deutschland, der Ukraine und Indien lebten zur gleichen Zeit jeweils zwischen 6 und 7 Millionen Migranten.

Wesentlich schwieriger ist es, das Ursprungsland der meisten Migranten anzugeben. Der Hauptgrund dafür ist, dass die Ursprungsländer nicht über gesicherte Zahlen darüber verfügen, wie viele ihrer Staatsbürger im Ausland leben. Dennoch gibt es Schätzungen, nach denen gegenwärtig mindestens 35 Millionen Chinesen, 20 Millionen

Jahr	1970	1980	1990	2000	2005	2010
Weltweit	81,5	99,8	154,0	174,9	200	214
Industrienationen	38,3	47,7	89,7	110,3	keine Daten	keine Daten
Entwicklungsländer	43,2	52,1	64,3	64,6	keine Daten	keine Daten

Tabelle 1: Internationale Migranten nach Weltregionen, 1970–2005 (in Millionen) Quelle: UNDESA, *World Economic and Social Survey: International Migration*, New York: UN, 2004.

Inder und 8 Millionen Filipinos außerhalb ihrer Heimatländer leben.

Diese Zahlen und Fakten legen ein beredtes Zeugnis dafür ab, dass sich die internationale Migration heute auf jeden Teil der Welt auswirkt. Bewegungen von »Süden« nach »Norden« haben als Teil der globalen Gesamtmigration zugenommen. Wie in Kapitel 3 noch näher erläutert wird, gibt es tatsächlich zwingende Gründe, warum Menschen ärmere Länder verlassen und sich auf den Weg in wohlhabendere Länder machen. Gleichzeitig ist es wichtig, die immensen Migrationsbewegungen nicht zu ignorieren, die nach wie vor innerhalb verschiedener Regionen stattfinden. In den Golfstaaten arbeiten etwa 5 Millionen asiatische Migranten. Man schätzt, dass es in Südafrika zwischen 2,5 und 8 Millionen illegale Migranten gibt, von denen fast alle aus afrikanischen Ländern südlich der Sahara stammen. In Kapitel 6 werden wir sehen, dass es in den Entwicklungsländern wesentlich mehr Flüchtlinge als in den Industrienationen gibt. Jährlich kommen mehr Europäer nach Großbritannien als Menschen von außerhalb Europas. Bei vielen von ihnen handelt es sich zudem um britische Staatsbürger, die von einem Auslandsaufenthalt zurückkehren.

Trotz des Umfangs der internationalen Migration und ihrer sich wandelnden globalen Verteilung gibt es mindestens drei Tendenzen, die einen wichtigen Unterschied zu früheren Migrationsmustern und -prozessen darstellen. Erstens hat der Anteil der Frauen stark zugenommen. Fast die Hälfte aller Migranten waren im Jahr 2005 Frauen. Etwas mehr als die Hälfte lebte in den Industrieländern, die übrigen in den Entwicklungsländern. Nach den Statistiken der Vereinten Nationen gab es in Europa, Lateinamerika und der Karibik, in Nordamerika, Ozeanien und der früheren UdSSR mehr weibliche als männliche Migranten. Hinzu kommt, dass immer mehr Frauen, die bislang hauptsächlich zu ihren Partnern ins Ausland umgesiedelt sind, heute selbständig emigrieren. Oft sind sie die Hauptverdiener der Familien, die sie zurücklassen.

Es gibt eine Reihe von Gründen, warum Frauen heute weltweit einen immer größeren Anteil an der Gesamtzahl der Migranten ausmachen. Einer dieser Gründe ist, dass der Bedarf an weiblichen Arbeitskräften mehr und mehr wächst, um traditionellerweise von Frauen angenommene Stellen im Dienstleistungsbereich und Gesundheitswesen sowie im Freizeitgewerbe besetzen zu können. Zweitens haben immer mehr Länder das Recht auf Familienzusammenführung auf die Migranten ausgedehnt, so dass deren Ehepartner und Kinder ins Ausland folgen dürfen. Bei den Ehepartnern handelt es sich meist um Frauen. Außerdem haben die Veränderungen in den Beziehungen zwischen

Männern und Frauen in manchen Ursprungsländern dazu geführt, dass Frauen heute unabhängiger sind als bisher und selbständig emigrieren können. Weibliche Haushaltshilfen verlassen in immer größerer Zahl vor allem Asien. Man bezeichnet diese Form der Migration manchmal auch als »maid trade« (»Dienstmädchen-Handel«). Hinzu kommt die Emigration zum Zweck der Heirat, die eine organisierte Form der Migration darstellt. Diese Frauen werden manchmal auch als »mail order brides« (»Bräute auf Bestellung«) bezeichnet. Schließlich gibt es noch den kriminellen Handel mit Frauen, die gezwungen werden, in der Sex-Industrie zu arbeiten.

Die Unterscheidung zwischen den Ursprungs-, Durchgangs- und Zielländern von Migranten lässt sich immer schwerer treffen. Fast jedes Land der Welt spielt heute alle drei Rollen: Migranten verlassen ein Land, befinden sich auf der Durchreise und machen sich auf den Weg in irgendein anderes Land der Welt. Vielleicht veranschaulicht keine andere Region der Erde das Verschwimmen der Grenzen zwischen den Ursprungs-, Durchgangs- und Zielländern besser als der Mittelmeerraum. Vor etwa fünfzig Jahren war die Situation ziemlich eindeutig. Sämtliche Mittelmeerländer – sowohl in Nordafrika als auch in Südeuropa – waren Ursprungsländer von Migranten, die hauptsächlich nach Nordeuropa umsiedelten, um dort zu arbeiten. Vor etwa zwanzig Jahren wandelte sich Südeuropa von einer Region der Emigration zu einer der Immigration, da immer mehr Nordafrikaner dorthin kamen, um in den wirtschaftlich wachsenden Regionen zu arbeiten. Gleichzeitig hatten immer weniger Südeuropäer einen Grund, sich zur Arbeitssuche auf den Weg nach Norden zu machen. Nordafrika be-

Abb. 2: Ein mit Migranten beladener Lastwagen aus Agadez (Niger) mit Ziel Nordafrika

findet sich heute im Wandel von einer Ursprungs- in eine Durchgangs- und Zielregion. Immer mehr Migranten aus afrikanischen Ländern südlich der Sahara treffen heute in Ländern wie Libyen, Marokko und Tunesien ein. Einige von ihnen bleiben dort, andere überqueren das Mittelmeer und gelangen auf diese Weise, in der Regel illegal, nach Südeuropa. Einige Migranten bleiben dort, andere hingegen versuchen, nach Nordeuropa zu gelangen. Dort gab es vor der Libyen-Krise etwa 2,5 Millionen Arbeitsmigranten aus über 40 Ländern.

In den letzten paar Jahrhunderten haben die größten Migrationsbewegungen zu dauerhaften Umsiedlungen geführt. Heute hat hingegen die zeitlich befristete Migration an Bedeutung zugenommen. Selbst Menschen, die den größten Teil ihres Lebens im Ausland verbracht haben, träumen häufig davon, in ihr Heimatland zurückzukehren. Es ist heute relativ ungewöhnlich, dass Personen in ein anderes Land migrieren und den Rest ihres Lebens dort verbringen.

Außerdem scheint sich das traditionelle Migrationsverhalten, das darin bestand, für einen bestimmten Zeitraum auszuwandern und dann wieder in die Heimat zurückzukehren, zunehmend zu wandeln. Immer mehr Menschen migrieren im Laufe ihres Lebens mehrfach, oft in unterschiedliche Länder oder Teile der Welt, und kehren zwischenzeitlich in ihr Ursprungsland zurück. Da internationale Reisen deutlich billiger geworden und leichter zu organisieren sind, kehren selbst diejenigen Migranten, die für längere Zeit im Ausland leben, immer häufiger in ihre Heimat zurück. Solche »vorübergehenden Aufenthalte« bringen einen häufigeren Wechsel zwischen den Ursprungs- und Zielländern mit sich, und es kommt zu einer nur zeitweisen Bindung an das Zielland. Solche Aufenthalte haben eine lange Geschichte. Im 19. und 20. Jahrhundert waren sie typisch für einen Großteil der chinesischen Migranten, die nach Südostasien und Australien zogen. Diese »Zirkulationsbewegung« findet heute in bislang ungekanntem Umfang statt, da sie durch Umwälzungen im Transport- und Kommunikationswesen begünstigt worden ist.

»Zirkuläre« Migration

John Salt, ein Experte für Migrationsfragen, unterscheidet in seinem im Jahr 2005 für den Europarat erstellten Bericht *Current Trends in International Migration in Europe* (»Aktuelle Trends in der internationalen Migration«) mehrere neue Typen von Migrationsströmen in Europa (S. 19): »Die Migrationsrouten von und nach Algerien haben sich radikal geändert. Die traditionelle Arbeitsmigration nach Frankreich wurde durch zirkuläre Migrationsbewegungen ersetzt. Viele Algerier sind jetzt Kofferhändler im gesamten Mittelmeerraum. Sie bedienen häufig Touristenmärkte, und ihre Migrationsbewegungen erfolgen innerhalb von Familiennetzwerken, die es ihnen ermöglichen, in jeder beliebigen Stadt Handel zu treiben. Man hat auch festgestellt, dass Rumänen innerhalb von informellen transnationalen Netzwerken zirkulieren, die sie dazu nutzen, sämtliche Nischen zu besetzen, die sich illegalen Arbeitskräften bieten. Die Migration von ethnischen Deutschen aus Transsilvanien nach Deutschland, die in den frühen 1990er Jahren erfolgte, ist ebenfalls zu einer zirkulären Migrationsbewegung geworden, bei der sich Arbeitszeiten in Deutschland mit Zeiten abwechseln, in denen diese Menschen wieder in ihrer rumänischen Heimat leben.«

Chancen der internationalen Migration

Migration war immer ein einflussreicher Faktor in der menschlichen Geschichte. Sie hat das Wachstum der Weltwirtschaft unterstützt, zur Entwicklung von Staaten und Gesellschaften beigetragen und zahlreiche Kulturen und Zivilisationen bereichert. Migranten gehörten oft zu den dynamischsten und unternehmerisch aktivsten Mitgliedern ihrer Gesellschaften. Es sind Menschen, die bereit sind, das Risiko auf sich zu nehmen, die Heimat zu verlassen, um für sich und ihre Familien neue Möglichkeiten zu erschließen. So ist beispielsweise die Geschichte des Wirtschaftswachstums in den USA in vieler Hinsicht die Geschichte von Migranten: Andrew Carnegie (Stahl), Adolphus Busch (Bier), Samuel Goldwyn (Film) und Helena Rubinstein (Kosmetika) waren Immigranten, und auch Kodak, Atlantic Records, RCA, NBC, Google, Intel, Hotmail, Sun Microsoft, Yahoo und ebay wurden von Immigranten gegründet oder mitgegründet.

Auch in der Gegenwart spielt die internationale Migration weiterhin eine wichtige – obwohl häufig unterschätzte – Rolle in regionalen, nationalen und globalen Angelegenheiten. In zahlreichen Entwicklungsländern ist das Geld, das Migranten in die Heimat überweisen, eine wichtigere Einkommensquelle als die von reicheren Ländern bereitgestellte offizielle Entwicklungshilfe. In bestimmten Industrienationen hängen ganze Wirtschaftszweige und zahlreiche öffentliche Dienstleistungen stark von der Arbeitskraft der Migranten ab. Sie würden im wahrsten Sinne des Wortes über Nacht zusammenbrechen, wenn die Migranten ihre Arbeitskraft abzögen. Häufig wird behauptet – trotz der Schwierigkeit, dies zu beweisen –, dass Migranten für die Wirtschaft Großbritanniens wichtiger sind als das Nordseeöl. Die Weltbank hat geschätzt, dass die Arbeitsmigranten jährlich 20 Billionen Dollar (20×10^{12}) verdienen, wovon der weitaus größte Teil in den Ländern investiert wird, in denen sie arbeiten. Einer weiteren Studie zufolge tragen etwa 15 Millionen im Ausland geborene Arbeitskräfte mehr als 10 Milliarden Dollar zur Wirtschaft der USA bei. Man behauptet daher, dass die Arbeitskraft von Migranten entscheidend zum wirtschaftlichen Wachstum beigetragen hat. In vielen Teilen der Welt werden Migranten nicht nur in Jobs beschäftigt, die die Einheimischen nur widerwillig annehmen, sondern sie werden auch zur Bewältigung anspruchsvoller Aufgaben eingesetzt, für die die Menschen vor Ort nicht ausreichend qualifiziert sind.

Aber die Migranten und die Migration tragen nicht nur zum wirtschaftlichen Wachstum bei. Am stärksten macht sich der Einfluss wahrscheinlich in den sozialen und kulturellen Lebensbereichen bemerkbar. Menschen unterschiedlicher nationaler Herkunft, die mehrere Sprachen beherrschen und unterschiedliche Sitten, Religionen und Lebensstile pflegen, kommen heute häufiger miteinander in Kontakt als jemals zuvor. Ob sie es zugeben wollen oder nicht: Die meisten Gesellschaften zeichnen sich heute zumindest durch ein gewisses Maß an ethnischer und kultureller Vielfalt aus. Ich weise auf diesen Punkt häufig in Vorlesungen vor britischen Studenten hin, indem ich behaupte, dass sie in den letzten 24 Stunden mit an Sicherheit grenzender Wahrscheinlichkeit Lebensmittel gegessen oder Musik gehört haben, die aus dem Ausland stammen, oder dass sie die sportliche Leistung einer Spitzenmannschaft, zu der ausländische Spieler oder Nachfahren von Immigranten gehören, im Fernsehen verfolgt haben. Es ist kein Zufall, dass der Bevölkerungsanteil der Migranten in »Weltstädten« wie Hongkong, London oder New York am höchsten ist. Dies sind dynamische, innovative und höchst kosmopolitische Städte. Sie fungieren als Zentren einer immer stärkeren wechselseitigen Verbundenheit von Menschen, Orten und Kulturen aus verschiedenen Teilen der Welt.

Herausforderungen der internationalen Migration

Es wäre allerdings naiv, wollte man leugnen, dass die internationale Migration uns heute vor große Herausforderungen stellt. Die am häufigsten diskutierte ist vielleicht die Verbindung zwischen Migration und Sicherheit. Besonders seit dem Terrorangriff auf die USA am 11. September 2001 sieht man eine enge Beziehung zwischen der internationalen Migration und dem Terrorismus. Dieser Eindruck hat sich durch die Anschläge in Madrid und London noch verstärkt. Die irreguläre Migration, deren Umfang in vielen Teilen der Welt zuzunehmen scheint, wird manchmal – von Politikern und der Öffentlichkeit gleichermaßen – als Bedrohung der nationalen Souveränität sowie der öffentlichen Sicherheit gesehen. In einer Reihe von Zielländern sind die gastgebenden Gesellschaften zunehmend ängstlicher geworden, was die Anwesenheit von Migrantengemeinschaften betrifft, besonders wenn diese aus fremden Kulturen stammen und in Teilen der Welt beheimatet sind, die man mit Extremismus und Gewalt in Verbindung bringt.

Dies sind berechtigte Bedenken, die man nicht unterschätzen sollte. Sie werden in den Folgekapiteln weiter analysiert werden. Wahrscheinlich hat man jedoch den Herausforderungen, die die Migration für die Zielländer und deren Gesellschaften bedeutet, in denen sich die Migranten niederlassen, zu viel Aufmerksamkeit gewidmet, und denjenigen Herausforderungen, die sich für die Migranten selbst, ihre Familien sowie für die Menschen und Gesellschaften ergeben, die sie zurücklassen, eher zu wenig.

Zunächst sollten wir uns daran erinnern, dass viele Immigranten ihre Heimat verlassen, weil sie keine andere Wahl haben. Im Jahr 2010 gab es weltweit etwa 15 Millionen Flüchtlinge, d.h. Menschen, die aus Angst vor Verfolgung oder Ermordung gezwungen waren, aus ihrer Heimat zu fliehen. Nachdem sie ihre Heimat verlassen haben, kommen viele Migranten (nicht nur Flüchtlinge) während der Reise ums Leben. Außerdem geraten manche Migranten, wenn sie an ihrem Ziel angekommen sind, in die Situation, ausgebeutet und ihrer Menschenrechte beraubt zu werden. Dies gilt insbesondere für die Opfer von Menschenhandel, die regelrecht versklavt sein können, häufig in der Sex-Industrie. Auch Hilfen in Privathaushalten können den Misshandlungen und der Gewalt ihrer Arbeitgeber ausgesetzt sein. Generell lässt sich feststellen, dass viele Migranten und ihre Kinder mit Diskriminierung und Vorurteilen konfrontiert sind, und dies selbst noch viele Jahre, nachdem sie sich im Ausland niedergelassen haben. Auch wegen der negativen Auswirkungen auf die Migranten selbst, und nicht nur aufgrund der Herausforderungen, die die Migration für die Zielländer darstellt, ist dies ein wichtiges Thema.

Die Migration kann bedeutsame Konsequenzen für die Gesellschaften haben, die die Migranten verlassen. Wie in Kapitel 4 noch genauer erläutert wird, gilt dies besonders in Fällen, in denen die Migranten über berufliche Fähigkeiten und Qualifikationen verfügen, die in ihren Ursprungsländern nicht ausreichend verfügbar sind. Die Auswirkungen dieses sogenannten »Braindrain«, d.h. der Abwanderung hochqualifizierter Arbeitskräfte, sind zwar am schmerzlichsten im Gesundheitswesen zu spüren, doch sie beeinträchtigen etwa auch den Bildungsbereich. Die Abwanderung führt nicht nur dazu, dass vor allem ärmere Länder häufig kaum noch in der Lage sind, ihren Bürgern lebenswichtige öffentliche Dienstleistungen zu bieten. Sie hat auch zur Folge, dass die in das Studium und die Ausbildung der abgewanderten hochqualifizierten Arbeitskräfte investierten Steuergelder für das Land de facto verloren sind.

Zum Ansatz dieses kleinen Buches

Aus den im vorliegenden Kapitel in knapper Form dargestellten Gründen ist das Thema der internationalen Migration in vielen Ländern an die erste Stelle der politischen Tagesordnung gerückt. Es wird in den Medien ausführlich verhandelt und ist generell zu einem Thema des allgemeinen öffentlichen Interesses geworden. Allerdings sind die Diskussionen zu Migrationsfragen allzu häufig ergebnislos, weil die dabei verwendeten Begriffe zu ungenau sind. So werden zum Beispiel die Ausdrücke »Asylsuchender«, »Flüchtling« und »irregulärer« oder »illegaler« Migrant regelmäßig als Synonyme verwendet. Statistische Daten werden häufig so aufbereitet, dass sie, statt zu informieren, eher alarmieren. Normalerweise wird nur ein unvollständiges Bild der Migration gezeichnet. Kurz: Die tatsächliche Vielfalt und Komplexität des Phänomens Migration wird häufig ignoriert.

Vor diesem Hintergrund ist es Ziel dieser Einführung, den Lesern diejenigen Erklärungen, Analysen und Informationen zu vermitteln, die sie benötigen, um die gegenwärtig wichtigsten Fragen zum Thema Migration zu verstehen und um sich an einer hoffentlich vernünftigen Diskussion zu beteiligen. Da ich mich mit dem Phänomen der Migration und mit verwandten Themen seit mehr als zwanzig Jahren in Lehre und Forschung beschäftige, habe ich natürlich meine eigene Sichtweise und meine eigenen Meinungen. Ich habe mich jedoch bemüht, diese eher zurückzunehmen, um ein umfassendes Bild der Debatten wiederzugeben, die über das Thema Migration heute geführt werden. Die Migrationspolitik gehört nicht zu den zentralen Fragen dieses Buches. Sofern dies relevant ist, sind jedoch einige Kommentare zu den Auswirkungen politischer Richtlinien eingefügt worden.

Jeder Versuch, aus einem umfangreichen Feld der Forschung, der wissenschaftlichen Literatur und der politischen Auseinandersetzung das Wesentliche in einer kurzen Einführung zusammenzufassen, macht eine Auswahl erforderlich. Verschiedene Autoren würden, vor diese Aufgabe gestellt, eine unterschiedliche Auswahl getroffen haben. Zunächst sollte daher hervorgehoben werden, dass sich das vorliegende Buch, wie sein Titel besagt, auf die grenzüberschreitende Migration konzentriert. Die Hauptgründe hierfür sind, dass die internationale Migration besser erforscht und dokumentiert ist als die interne. Sie hat außerdem wesentlich mehr politische Aufmerksamkeit auf sich gezogen und ist in den Medien und der öffentlichen Diskussion wesentlich stärker präsent. Gleichzeitig muss jedoch eingeräumt werden, dass es erheblich mehr interne als internationale Migranten gibt und dass die Grenzlinie zwischen interner und internationaler Migration unscharf sein kann. Das Phänomen der internen Migration verdient es, intensiver erforscht zu werden, als dies bislang der Fall ist. Wie wir im letzten Kapitel noch sehen werden, ist es wahrscheinlich, dass sich die Migration innerhalb nationalstaatlicher Grenzen in Zukunft auf die internationale Migration auswirken wird.

Mein eigener Ansatz zum Verständnis des Phänomens der internationalen Migration folgt drei Hauptgesichtspunkten. Erstens habe ich mich bemüht, eine möglichst globale Sichtweise einzunehmen, da es sich hier schließlich um ein wahrhaft globales Phänomen handelt. Stellenweise konnte ich diesem Ziel nicht gerecht werden, da es für bestimmte Teile der Welt an Forschungsdaten, Informationen und statistischen Angaben fehlt und weil mein eigenes Wissen begrenzt ist. Zweitens habe ich versucht, konkrete Beispiele zu verwenden, die meiner eigenen Forschungsarbeit entnommen sind. Dies stellt eine Möglichkeit dar, die Erfahrungen der Migranten selbst zur Sprache kommen zu lassen. Um mein eigenes begrenztes Wissen zu ergänzen, habe ich mich auch auf die veröffentlichten Forschungsergebnisse anderer Wissenschaftler dieses Fachgebietes bezogen. Drittens habe ich das Buch im Hinblick auf die Fragestellungen und Probleme der internationalen Migration gegliedert, die ich für die gegenwärtig aktuellsten halte, statt beispielsweise jeweils ein Kapitel über die Migration in einzelnen Regionen der Welt zu verfassen. Da ich die verschiedenen Probleme notwendigerweise nur in gedrängter Form erörtern kann, habe ich für Leser, die detailliertere Informationen und Analysen suchen, am Ende des Buches Quellen zusammengestellt, die sie zu Rate ziehen können.

Das vorliegende Kapitel ist der Frage nachgegangen, warum Migration ein wichtiges Thema ist. Das nächste Kapitel befasst sich mit der Frage: »Wer ist ein Migrant?« Es untersucht die verschiedenen Definitionen der internationalen Migration und mit welchen Begriffen dieses Phänomen normalerweise beschrieben wird. Ferner geht das Kapitel auf die Schwierigkeit ein, exakte statistische Daten für die Migration zu ermitteln, und bringt Diskussionen ein, die über staatliche Richtlinien und die im Wandel begriffene Definition der Staatsbürgerschaft geführt werden. Kapitel 3 überdenkt die Beziehung zwischen Migration und Globalisierung, um den Versuch zu unternehmen, eine strukturelle Erklärung für die Frage zu finden, warum Migration stattfindet.

Im Zentrum der anschließenden Kapitel steht jeweils ein Kernthema der Migration. Kapitel 4 untersucht die wechselseitigen Beziehungen zwischen Entwicklung und Migration. Eine fehlende Entwicklung kann Migration zur Folge haben, gleichzeitig können Migranten jedoch auch einen Beitrag zur Entwicklung ihres Heimatlandes leisten. Kapitel 5 wendet sich einem der gegenwärtig meistdiskutierten Migrationsprobleme zu, nämlich der irregulären Migration. (Außerdem liefere ich darin Argumente für meine Behauptung, dass der Ausdruck »irregulär« der Bezeichnung »illegal« vorzuziehen ist.) Das Kapitel erörtert insbesondere die Phänomene Menschenhandel und Migrantenschmuggel. Ebenso aktuell sind die Themen Flüchtlinge und Asylsuchende, die häufig mit dem Problem der irregulären Migration verwechselt werden. Sie stehen im Mittelpunkt von Kapitel 6. Im Zusammenhang mit diesen Themen ist eine globale Perspektive besonders wichtig. Kapitel 7 geht der schwierigen Frage nach, welche Veränderungen die Immigranten in den Gesellschaften ihrer Zielländer bewirken. In Kapitel 8 zeige ich schließlich einige der wichtigsten Tendenzen auf, die die Zukunft der internationalen Migration voraussichtlich bestimmen werden.

2 Wer ist ein Migrant?

Auf den ersten Blick mag es so scheinen, als lasse sich die Frage »Wer ist ein Migrant?« leicht beantworten. Die meisten Länder haben die Definition der UN übernommen, nach der ein Migrant jemand ist, der für ein Jahr oder länger außerhalb seines Heimatlandes lebt. In Wirklichkeit ist die Antwort jedoch wesentlich komplizierter. Erstens bezeichnet der Begriff »Migrant« eine umfangreiche Gruppe von Personen in einer Vielzahl unterschiedlicher Situationen. Zweitens ist es sehr schwer, genaue Zahlen über Migranten zu erhalten und festzustellen, wie lange sie sich im Ausland befinden. Drittens ist die Beantwortung der Frage, ab wann eine Person kein Migrant mehr ist, ebenso wichtig wie die, wann eine Person zu einem Migranten geworden ist. Man kann den Migrantenstatus auch plötzlich verlieren, z. B. durch die Rückreise in das Heimatland oder dadurch, dass man Staatsbürger des Landes wird, in das man eingewandert ist. Die Verfahren, die bei diesem Statuswechsel Anwendung finden, sind äußerst unterschiedlich. Schließlich sei noch erwähnt, dass behauptet worden ist, es gebe infolge der Globalisierung heute neue »Typen« von Migranten mit neuen Eigenschaften. Sie werden manchmal als Angehörige transnationaler Gemeinschaften oder Diasporas bezeichnet.

Migrantengruppen

Es gibt drei verschiedene Gruppen, denen internationale Migranten in der Regel zugeordnet werden. Eine übliche Unterscheidung ist zunächst diejenige zwischen »freiwilliger« und »erzwungener« Migration. Bei den Gründen, aus denen Migranten gezwungen sind, ihr Land zu verlassen und in ein anderes einzuwandern, kann es sich um Konflikte, Verfolgung oder um Umweltfaktoren handeln, wie zum Beispiel eine Dürre oder Hungersnot. Diese Menschen werden in der Regel als Flüchtlinge bezeichnet, obwohl wir in Kapitel 6 noch sehen werden, dass der Begriff »Flüchtling« in Wirklichkeit eine sehr spezielle Bedeutung hat und dass nicht alle zur Migration gezwungenen Menschen als Flüchtlinge bezeichnet werden können. Nach dem Hochkommissariat der Vereinten Nationen für Flüchtlinge (UNHCR) gibt es weltweit etwa 15 Millionen Flüchtlinge. Wie zu Beginn von Kapitel 1 bereits erwähnt wurde, gibt es heute weltweit wesentlich mehr Menschen, die ihr Ursprungsland freiwillig verlassen haben. Man schätzt, dass es vielleicht bis zu 200 Millionen Menschen sind.

Eine zweite häufig getroffene Unterscheidung, die mit der ersten verwandt ist, differenziert zwischen politischen Migranten und Personen, die ihren Wohnsitz aus wirtschaftlichen Gründen wechseln. Bei der ersten Gruppe handelt es sich normalerweise um Flüchtlinge, um Menschen, die ihr Land aufgrund von politischer Verfolgung oder als Folge politischer Konflikte verlassen mussten. Die Menschen der zweiten Gruppe werden in der Regel als »Arbeitsmigranten« bezeichnet. Es sind Personen, die auf der Suche nach Arbeit, günstigeren Berufschancen oder besseren Arbeitsbedingungen in ein anderes Land ziehen. Häufig werden sie weiter unterschieden in schlechter oder besser ausgebildete Arbeitskräfte. Irgendwo zwischen ökonomischen und politischen Migranten sind Menschen einzuordnen, die hauptsächlich aus Gründen migrieren, die man als sozial bezeichnen könnte. Meistens handelt es sich hierbei um Frauen mit Kindern, die ihre Familie wieder zusammenführen wollen und daher ihren Männern in ein Land folgen, in dem sie Arbeit gefunden haben. Es sollte an dieser Stelle jedoch nochmals erwähnt werden, dass weibliche Migranten heute zunehmend selbständig und unabhängig von ökonomischen Gründen in ein anderes Land umsiedeln.

Der letzte hauptsächliche Unterschied ist derjenige zwischen legalen und »illegalen« Migranten, obwohl – wie wir in Kapitel 5 noch sehen werden – der Ausdruck »irregulär« zutreffender und wahrscheinlich auch weniger abfällig ist als »illegal«, wenn von Migranten die Rede ist. Der Begriff »irreguläre Migranten« umfasst eine umfangreiche Gruppe von Personen. Hierbei handelt es sich in der Hauptsache um Migranten, die entweder ohne jegliche oder aber mit gefälschten Reisedokumenten in ein Land kommen, oder um solche, die zwar legal einreisen, jedoch anschließend im jeweiligen Gastland bleiben, obwohl ihr Visum oder ihre Arbeitserlaubnis bereits abgelaufen ist. Wie im folgenden erläutert wird, ist es fast unmöglich, genau anzugeben, wie viele irreguläre Migranten es weltweit gibt. Fest steht jedoch, dass die Zahl der legalen Migranten wesentlich größer ist als die der irregulären.

Begriffssysteme neigen immer dazu, die Wirklichkeit zu vereinfachen, und dies gilt für die obengenannten Gruppen von Migranten in mindestens dreifacher Hinsicht. Erstens überlappen sich die verschiedenen Kategorien zu einem gewissen Grad. So sind zum Beispiel die meisten freiwilligen Migranten zugleich auch ökonomische Migranten, und viele Migranten, die gezwungen waren, ihr

Hochqualifizierte Migranten

Immer mehr Menschen, die hauptsächlich aus ökonomischen Gründen in ein anderes Land auswandern, werden heute der Gruppe hochqualifizierter Migranten zugeordnet. Häufig wird ihr Umzug ins Ausland durch ein selektives System zur Vergabe von Aufenthaltserlaubnissen begünstigt, das einem Antragsteller entsprechend seiner Ausbildung und Qualifikation Punkte erteilt. Eine bestimmte Kategorie von hochqualifizierten Migranten sind die Personen, die in ein anderes Land umziehen, jedoch für dasselbe Unternehmen weiterarbeiten. Außerdem zieht jährlich weltweit eine große Anzahl von Studenten in ein anderes Land. Sie werden häufig ebenfalls der Gruppe hochqualifizierter Migranten zugerechnet.

Ursprungsland zu verlassen, sind politische Migranten oder Flüchtlinge.

Zweitens sind die Trennlinien zwischen den Migranten innerhalb der einzelnen Kategorien in Wirklichkeit häufig eher verschwommen als scharf gezogen. So haben beispielsweise nur sehr wenige Migranten eindeutig freiwillig oder unfreiwillig ihre Heimat verlassen. Zahlreiche Großunternehmen sehen zum Beispiel den Umzug ihrer Mitarbeiter in ein anderes Land als Teil der Ausbildung an. Während also Angestellte, die beispielsweise für IBM von New York nach Tokio umziehen, dies angeblich freiwillig tun, bleibt ihnen möglicherweise keine andere Wahl, wenn sie ihre Arbeitsstelle in diesem Unternehmen nicht verlieren wollen. Am anderen Ende dieses Spektrums verfügen selbst Flüchtlinge über andere Möglichkeiten, als ihr Land zu verlassen. Sie könnten beispielsweise in ihrer Heimat bleiben und darauf hoffen, dass es ihnen gelingen wird, sich aus Konflikten herauszuhalten; sie könnten innerhalb ihres Landes in ein Nachbardorf oder eine Nachbarstadt umziehen oder in einem bestimmten Konflikt Partei ergreifen.

Dieselbe Uneindeutigkeit gilt auch bezüglich des Unterschieds zwischen ökonomischer und politischer Migration. Stellen wir uns die Situation von jemandem vor, der sein Heimatland verlässt, weil er seinen Arbeitsplatz verloren hat. Vordergründig mag es so aussehen, als ginge er aus ökonomischen Gründen in ein anderes Land. Doch wie sieht die Sache aus, wenn er seine Stelle aufgrund seiner Rassen- oder Religionszugehörigkeit oder seines Geschlechts verloren hat? In diesem Fall könnte man die Behauptung rechtfertigen, dass er aus politischen Gründen flieht. Das Problem der Analyse dieser Situation besteht hier darin, zwischen den Ursachen zu unterscheiden, die der Migration (letztlich) zugrunde liegen, und denjenigen Ursachen, die die unmittelbaren Konsequenzen der Primärursachen sind.

Ein dritter, verwandter Punkt ist der folgende: Einzelpersonen können ihren Status ändern und von einer Migrantenkategorie in eine andere wechseln. Ein legaler Migrant oder eine legale Migrantin kann länger in seinem oder ihrem Gastland bleiben, als es die jeweilige Arbeitserlaubnis gestattet, und so zu einem irregulären Migranten werden. Schätzungen der Regierung zufolge gab es allein in Australien im Jahr 2005 fast 50 000 Personen, deren Visum abgelaufen war. Es kann aber auch vorkommen, dass eine Person ihr Heimatland freiwillig verlässt, dann aber nicht zurückkehren kann, entweder weil ein

Krieg ausgebrochen ist oder ein Regierungswechsel stattgefunden hat. So wird diese Person de facto zu einem Migranten, der gezwungen ist, außerhalb seines Landes zu bleiben.

Was bedeuten die Statistiken?

Die Frage, wer ein Migrant ist, lässt sich auch deshalb so schwer beantworten, weil es kompliziert ist, genaue Zahlen für Migranten zu erhalten. Um das zu veranschaulichen, wollen wir uns im folgenden mit der Situation in Großbritannien befassen.

Bezüglich der britischen Migrationsstatistiken sind vorweg drei wichtige Feststellungen zu treffen. Erstens können selbst offizielle Statistiken kein umfassendes Bild der internationalen Migration in Großbritannien liefern. Um es offen und direkt auszusprechen: Selbst die Regierung kann keine zuverlässigen Zahlen darüber angeben, wie viele Menschen jährlich in das Land einreisen oder es verlassen. Der offensichtlichste Grund hierfür besteht darin, dass irreguläre Migranten von keiner offiziellen Migrationsstatistik erfasst werden. Die Statistiken über die irregulären Migranten in Großbritannien sind nichts als Vermutungen. Wir werden sie uns in Kapitel 5 noch genauer ansehen.

Zweitens sind Vorbehalte gegenüber der von der Regierung tatsächlich geführten Migrantenstatistik angebracht. Die meisten veröffentlichten Statistiken über Emigration und Immigration aus bzw. nach Großbritannien basieren auf der Übersicht über die Reisenden anderer Nationen. Hierbei handelt es sich um eine kleine selektive Umfrage unter etwa 2200 Personen an See- und Flughäfen. Die Reisenden werden danach gefragt, ob sie beabsichtigen, in Großbritannien zu bleiben (bzw. im Ausland, wenn sie das Land verlassen). Personen, die die Absicht haben, ein Jahr oder länger in Großbritannien oder im Ausland zu bleiben, nachdem sie bereits ein Jahr oder länger in Großbritannien oder im Ausland gelebt haben, gelten als Migranten. Ein Problem ist der geringe Erhebungsumfang: Nur ein winziger Prozentsatz der Bevölkerung wird befragt, und die Ergebnisse werden hochgerechnet. Ein weiteres Problem besteht darin, dass sich die Absichten von Menschen häufig ändern, d. h. sie bleiben möglicherweise nicht so lange in Großbritannien oder im Ausland, wie sie es ursprünglich geplant haben. Um solchen Problemen Rechnung zu tragen, werden die in der zuvor beschriebenen Weise erhobenen Daten entsprechend angepasst.

Es gibt zwei weitere wichtige Datenquellen für die Migrationsströme von und nach Großbritannien. Die Zahl der erteilten Arbeitserlaubnisse ermöglicht einen Rückschluss auf die Zahl der eingewanderten Arbeitskräfte, jedoch lediglich für solche von außerhalb der Europäischen Gemeinschaft, da Angehörige der EU-Mitgliedsstaaten keine Arbeitserlaubnis benötigen. Statistiken über Asylsuchende zeigen, wie viele Personen Asyl in Großbritannien beantragen. Diese Statistiken müssen jedoch sehr vorsichtig interpretiert werden, denn manchmal umfassen sie auch abhängige Angehörige (Ehepartner und Kinder), manchmal hingegen nicht. Eine weitere Quelle, die Angaben zur Zahl der nach Großbritannien einreisenden Migranten enthält, ist etwa die Übersicht über die Zahl der Erwerbstätigen. Hierbei werden die Nationalität und der Wohnsitz vor einem

Jahr erfasst, jedoch wiederum nur stichprobenartig. Bei Volkszählungen wird ebenfalls der Wohnsitz vor einem Jahr aufgezeichnet. Hierbei wird allerdings nicht die Nationalität registriert, sondern lediglich das Geburtsland, und außerdem werden Volkszählungen nur alle zehn Jahre durchgeführt.

Schließlich sei noch darauf hingewiesen, dass Migrationsstatistiken – wie dies natürlich für alle anderen Statistiken auch gilt – auf unterschiedliche Weise dargestellt werden können, um verschiedene Sichtweisen nahezulegen. Im Jahr 2002 trafen etwa 100 000 Asylsuchende in Großbritannien ein. Diese Zahl lässt sich auch sehr negativ darstellen: Sie ist höher als die Zahl der in jedem anderen westeuropäischen Land eintreffenden Asylanten, und sie entspricht einer jährlichen Bevölkerungszunahme um die Einwohnerzahl einer Stadt mittlerer Größe, wie etwa von Cambridge. Man könnte diese Zahl jedoch auch mit der Zahl der in einem Jahr in Großbritannien eintreffenden Migranten vergleichen, und dann stellen die Asylsuchenden nur einen relativ kleinen Anteil dar.

Wenn die angeführten Schwierigkeiten bereits in Großbritannien auftreten, einer kleinen Insel und einer der höchstentwickelten Volkswirtschaften der Welt, kann man sich vorstellen, wie schwer es sein muss, die Zahl der Migranten in anderen Ländern zu ermitteln, z. B. in armen Ländern, die nicht über die erforderlichen Kenntnisse oder Möglichkeiten verfügen, ihre Grenzen zu überwachen, in Ländern mit langen Landgrenzen oder in Ländern, in denen es vorkommt, dass größere Menschengruppen plötzlich die Grenzen überschreiten.

Die Rückkehr in die Heimat ist eine Art, den Migrantenstatus zu verlieren. Doch behalten Migranten häufig auch nach der Rückkehr in ihr Heimatland einen Teil ihrer im Ausland entwickelten oder erworbenen Verhaltensweisen und Identitäten bei. Es gibt keine umfassende globale Statistik über den Umfang der Rückwanderung von Migranten; die meisten Fachleute gehen jedoch davon aus, dass es sich hierbei um beträchtliche Zahlen handelt.

Für die Daten über die Rückkehr von Migranten in ihre Heimatländer gelten ähnliche Vorbehalte wie für die Daten über die internationale Migration im allgemeinen. Zu den häufigeren Problemen zählen Schwierigkeiten bei der Ermittlung der Dauer der Migration, Unstimmigkeiten bei der Aufzeichnung der Wohnsitzänderungen sowie ein fehlender Konsens bei der Definition der Staatsangehörigkeit.

Besonders problematisch ist, dass man normalerweise weder in den Ursprungs- noch in den Gastländern Daten darüber sammelt, wie viele Personen in ihre Ursprungsländer zurückkehren. Der Grund hierfür ist, dass im allgemeinen in keinem der beiden Länder Rückwanderungen als ein Problem angesehen werden, das ebenso wichtig ist wie die Auswanderung eigener Staatsbürger bzw. die Einwanderung von Bürgern eines anderen Landes. Selbst in Fällen, in denen sowohl die Gast- als auch die Ursprungsländer vorgeben, dieselbe Anzahl rückkehrender Migranten registriert zu haben, können die Schätzungen stark voneinander abweichen. Hierfür gibt es ein gutes Beispiel, das von Russell King in einem bahnbrechenden Aufsatz über Rückkehrmigrationen angeführt wird. Die in Deutschland aufgezeichneten Daten über die Rückkehr von Italienern in ihre Heimat lagen in den 1970er Jahren doppelt so hoch wie die Angaben der italienischen Statistiken über die Zahl ihrer aus Deutschland zurückkehrenden Staatsbürger. Der Grund für diese starke Abweichung lässt sich zum Teil einem neueren Beispiel aus Polen entnehmen. In den 1990er Jahren sind zahlreiche polnische Emigranten in ihre Heimat zurückgekehrt. Die genauen Zahlen wurden jedoch in keiner offiziellen Statistik erfasst, und zwar einfach deshalb, weil die meisten polnischen Emigranten, die während der 1980er Jahre ihr Land verlassen haben, sich nicht als Emigranten registrieren ließen. Auch in der Türkei gibt es keine Behörden, die Daten über die Emigration oder die Rückkehr von ausgewanderten Arbeitskräften aufzeichnen. Schätzungen über die Zahl der zurückgekehrten Arbeitskräfte stützen sich auf Daten, die in den Gastländern zusammengestellt wurden.

Von besonderer Bedeutung war in jüngster Vergangenheit die Rückkehr von »ethnischen Staatsangehörigen« nach den politischen Veränderungen in der früheren UdSSR sowie in Zentral- und Osteuropa. Zu den umfangreichsten Rückwanderungen kam es in den 1990er Jahren aus Gebieten der ehemaligen UdSSR mit beispielsweise folgenden Bevölkerungsbewegungen: Zwischen 1990 und 1995 kehrten 5,4 Millionen Russen (aus den früheren sowjetischen Staaten des Baltikums sowie aus Zentralasien) nach Russland zurück (im Jahr 1992 waren es 290 000 Ukrainer). Bis April 1996 kehrten 240 000 Tataren auf die Krim zurück. 10 000 Menschen lettischer Herkunft, 15 000 Finnen (zwischen 1990 und 1996), zwei Millionen ethnische Deutsche (Aussiedler, zwischen 1987 und 1994) sowie

6000 pontische Griechen kehrten ebenfalls in ihre Heimatländer zurück. Eine erhebliche Anzahl von Rückmigrationen fand auch während der weltweiten Finanzkrise statt, als viele Arbeitsmigranten plötzlich ihre Beschäftigungen verloren. So kehrte beispielsweise ein großer Teil der Bangladescher aus den Vereinigten Arabischen Emiraten in die Heimat zurück.

Vom Migranten zum Staatsbürger

Personen, die Bürger eines neuen Landes werden, sind anschließend keine Migranten mehr. In manchen Ländern kann dies relativ problemlos und schnell geschehen, in anderen ist es, bis auf seltene privilegierte Ausnahmen, fast unmöglich. Die Gründe für diese Unterschiede haben weniger mit den Migranten selbst als mit der Geschichte sowie den Ideologien und Strukturen der jeweiligen Staaten zu tun.

Gesetze über Staatsbürgerschaft und Nationalität leiten sich aus zwei alternativen Prinzipien ab. Das eine ist das Jus sanguinis (»Gesetz der Blutsverwandtschaft«), wonach man, um Bürger eines Landes zu werden, von einem Bürger des entsprechenden Landes abstammen muss. Das andere wird als Jus solis bezeichnet (»Gesetz des Bodens«) und basiert darauf, dass jemand innerhalb des Territoriums eines Landes geboren wurde.

In der Praxis wenden alle modernen Staaten (mit Ausnahme von Israel) Regeln für die Zuerkennung der Staatsbürgerschaft an, die auf einer Kombination dieser beiden Prinzipien basieren, obwohl normalerweise eines der beiden Prinzipien dominiert (vgl. Tabelle 2). So folgte beispielsweise Deutschland weitestgehend dem Prinzip des Jus sanguinis, bis es im Jahr 2000 zu einer Änderung dieser Regelung kam. Hieraus erklärt sich, warum selbst die in Deutschland geborenen und aufgewachsenen Kinder und Enkel von türkischen Personen, die nach dem Krieg nach Deutschland eingewandert sind, von der deutschen Staatsbürgerschaft ausgeschlossen blieben. So erklärt sich auch, warum nach der Wiedervereinigung Deutschlands Menschen, deren Familien seit einer Reihe von Generationen außerhalb Deutschlands gelebt hatten, hauptsächlich in Osteuropa oder der früheren Sowjetunion, automatisch die deutsche Staatsbürgerschaft erhielten. Im Gegensatz dazu folgen etwa Australien, Kanada, Großbritannien und die USA weitestgehend dem Prinzip Jus solis, so dass jedes neugeborene Kind eines legalen Immigranten in diesen Ländern automatisch ein Anrecht auf die jeweilige Staatsbürgerschaft hat. Welches Prinzip dem Erwerb der Staatsbürgerschaft auch immer zugrunde liegen mag: Die meisten Länder erlauben Migranten, nachdem sie eine gesetzlich vorgeschriebene Mindestzeit in dem jeweiligen Land gelebt haben, die Staatsbürgerschaft zu erwerben. Man bezeichnet dieses Prinzip als »Jus domicile«. Die Anzahl der Jahre ist dabei sehr unterschiedlich. Während es in Australien und Kanada lediglich drei Jahre sind, sind es in Österreich und Deutschland zehn Jahre.

Nicht nur die Regeln für den Erwerb der Staatsbürgerschaft unterscheiden sich von Land zu Land, sondern auch die jeweils verwendeten weiteren Kriterien. So erlauben beispielsweise einige Länder eine doppelte Staatsbürgerschaft und bestehen nicht darauf, dass Immigranten ihre ursprüngliche Nationalität aufgeben, um Bürger des neuen

Land	Der Staatsbürgerschaft zugrunde liegendes Prinzip	Für die Einbürgerung erforderliche Länge des Aufenthalts	Erlaubnis doppelter Staatsbürgerschaft
Australien	Kombination	3 Jahre	ja
Österreich	Jus sanguinis	10 Jahre	nein
Belgien	Kombination	5 Jahre	ja
Kanada	Jus solis	3 Jahre	ja
Frankreich	Jus sanguinis	5 Jahre	ja
Deutschland	Jus sanguinis	10 Jahre	nein
Israel	steht jedem in Israel wohnhaften Juden offen	–	ja
Niederlande	Jus sanguinis	5 Jahre	ja
Schweden	Jus sanguinis	5 Jahre	nein
Großbritannien	Kombination	5 Jahre	ja
USA	Jus solis	5 Jahre	ja

Tabelle 2: Regeln für die Staatsbürgerschaft in ausgewählten Ländern

Landes zu werden. Wie wir im nächsten Abschnitt noch sehen werden, ist die wachsende Zahl der Menschen mit doppelter oder sogar dreifacher Staatsangehörigkeit einer der Gründe dafür, warum das Phänomen des Transnationalismus in einigen Migrantengemeinschaften immer häufiger auftritt.

Außerdem muss an dieser Stelle erwähnt werden, dass die volle Staatsbürgerschaft in einzelnen Ländern nur um den Preis der kulturellen Assimilation erworben werden kann, während es andere Länder ihren neuen Bürgern ermöglichen, ihre individuelle kulturelle Identität zu bewahren. Der Grund hierfür sind zwei konkurrierende Integrationsmodelle. Assimilation ist das eine Modell, bei dem es sich um einen einseitigen Prozess handelt. Hierbei wird von den Migranten erwartet, dass sie ihre besonderen sprachlichen, kulturellen und sozialen Eigenarten aufgeben und somit von der Mehrheit der Bevölkerung nicht mehr unterscheidbar sind. Im allgemeinen folgt Frankreich diesem Modell. Die Hauptalternative dazu ist ein Multikulturalismus. Damit bezeichnet man die Entwicklung von Immigrantengruppen zu ethnischen Gemeinschaften, die in sprachlicher, kultureller und sozialer Hinsicht von der Mehrheit der Bevölkerung unterscheidbar bleiben. Australien, Kanada, die Niederlande, Großbritannien und die USA folgen abgewandelten Formen dieses Modells.

Migranten, Diaspora und transnationale Gemeinschaften

Wohl ebenso wichtig wie die Frage, auf welche Weise Gesetzgebung oder Gastländer festlegen, wer ein Migrant ist und wer nicht, ist das jeweilige Identitätsbewusstsein der Migranten selbst. In den letzten Jahren gab es zahllose Publikationen zu diesem Thema, die sich hauptsächlich auf zwei Begriffe konzentrieren: auf den Transnationalismus und auf die Diaspora. Beide Begriffe sind komplex und umstritten. Sie sollen im folgenden so einfach wie möglich definiert werden.

Der Begriff »Diaspora« wird im allgemeinen mit bestimmten historischen Ereignissen assoziiert. So bezeichnet er zum Beispiel üblicherweise den Exodus der Juden

Was ist Integration?

Der Begriff »Integration« lässt sich am einfachsten als Prozess definieren, in dessen Verlauf Immigranten, als Einzelne und als Gruppen, in einer Gesellschaft akzeptiert werden. Die globale Kommission zur Internationalen Migration (GCIM) betrachtet Integration als einen »langjährigen und multi-dimensionalen Prozess, der sowohl aufseiten der Migranten als auch der übrigen Mitglieder der Gesellschaft das Engagement fordert, einander zu respektieren und sich aufeinander einzustellen, wodurch es beiden Seiten möglich wird, auf positive und friedvolle Weise miteinander zu interagieren« (*Migration in an Interconnected World*, GCIM 2005, S. 44).

nach der Zerstörung des Tempels im Jahr 586 v. Chr. Bis zu seiner Wiederaufnahme in jüngster Zeit fand er manchmal auch Anwendung auf afrikanische Sklaven und auf Armenier, die vor dem während des Ersten Weltkrieges und unmittelbar nach seinem Ende vom Osmanischen Reich an ihnen verübten Völkermord flohen. Diesen Erfahrungen ist gemeinsam, dass sie geprägt sind von massenhaften Vertreibungen verbunden mit der Unmöglichkeit, in die Heimat zurückzukehren, trotz der großen Sehnsucht, die danach besteht.

Die genannten Merkmale treffen aber in unterschiedlichem Maße auch auf einige der Bevölkerungsbewegungen in der jüngeren Vergangenheit zu, und der Begriff »Diaspora« wird daher wieder häufiger verwendet. Der Migrationstheoretiker Gabriel Sheffer stellt hierzu in *Modern Diasporas in International Politics* (1986) fest: »Moderne Diasporagemeinden sind ethnische Minderheitengruppen, die durch Migration entstanden sind und in ihren Gastländern wohnen und leben, jedoch enge emotionale und materielle Verbindungen zu ihren Ursprungsländern, ihrer Heimat, unterhalten« (S. 3). Manche Kritiker meinen, dass der Begriff heute zu ungenau verwendet wird, um auf nahezu jede Gruppe von Migranten unabhängig von der jeweiligen Situation zuzutreffen. Wie wir beispielsweise in Kapitel 4 sehen werden, findet er heute meist Verwendung im Zusammenhang mit jeder Migrantengemeinchaft, die einen materiellen Beitrag zur Entwicklung ihres Herkunftslandes leistet.

Ein dem Wort »Diaspora« verwandter Ausdruck ist derjenige der »transnationalen Gemeinschaft«. Etwas vereinfacht besagt der damit bezeichnete Begriff, dass manche Migranten begonnen haben, »zwischen« verschiedenen Nationen zu leben. Sie unterhalten mit Menschen und Orten in ihren Ursprungsländern wichtige soziale, wirtschaftliche und politische Kontakte, die die Grenzen einzelner Staaten überschreiten. Dem führenden Migrationsforscher Alejandro Portes zufolge umfassen transnationale Gemeinschaften »von Immigranten in ihrem Bemühen um wirtschaftliches Fortkommen und soziale Anerkennung geschaffene, enge Netzwerke, die die politischen Grenzen einzelner Länder überschreiten. Mit Hilfe dieser Netzwerke gelingt es immer mehr Menschen ein ›zweigleisiges‹ Leben zu führen. Die Mitglieder dieser Netzwerke sind häufig zweisprachig, haben Domizile in zwei Ländern und verfolgen wirtschaftliche, politische und kulturelle Interessen, die ihre Anwesenheit in beiden Ländern erforderlich macht« (*International Migration Review* 31, 1997, S. 812).

Die »neue« afrikanische Diaspora

Es ist interessant, dass der Begriff »Diaspora« in jüngster Zeit von afrikanischen Migranten zur Selbstbeschreibung und zur Beschreibung ihrer Organisationen übernommen worden ist. Eigentlich waren es die afrikanischen Sklaven, auf die der Begriff traditionellerweise angewendet wurde. Bei Datenerhebungen in afrikanischen Migrantengemeinschaften in London war eine meiner Fragen, warum sie diesen Begriff verwenden. Drei Gründe stellten sich heraus. Einer bestand darin, dass die betreffenden Personen der Auffassung waren, mit dem Begriff »Diaspora« seien weniger negative Konnotationen verbunden als mit den Begriffen »Immigrant«, »Flüchtling« oder »Asylsuchender«. Vielleicht ist der Begriff deshalb noch nicht negativ besetzt worden, weil er über lange Zeit mit der Vertreibung der Juden und der Verschleppung afrikanischer Sklaven assoziiert wurde. Zweitens scheint der Begriff, zumindest für einige Gemeinschaften, »selbstmotivierend« zu sein. »Diaspora« wird, genau wie »Globalisierung«, zu einem Modewort, das bei manchen Menschen Assoziationen zu wecken scheint, mit denen sie unbedingt in Verbindung gebracht werden wollen. Schließlich haben zumindest einige Menschen das Gefühl, dass ihre Erfahrungen in mancher Hinsicht mit denjenigen der ursprünglichen Diasporagemeinden vergleichbar sind: dass auch sie Opfer sind, genauso wie es die vertriebenen Juden und verschleppten afrikanischen Sklaven waren.

Daraus folgt, dass es zunehmend schwieriger wird, diese Personen mit engen politischen Definitionen wie den Begriffen »Immigrant« oder »Staatsbürger« zu erfassen. Stephan Castles, einer der weltweit führenden Migrationsforscher, beschreibt die Implikationen des Transnationalismus für die Staatsbürgerschaft auf folgende Weise:

»Der Transnationalismus wird zwangsläufig einen starken Anstieg der Zahl der Menschen mit mehreren Staatsbürgerschaften zur Folge haben und damit ein Phänomen herbeiführen, dass von Nationalisten am meisten gefürchtet wird: die potenziell gespaltene Loyalität von Menschen, deren Haltung zu ihrer Staatsbürgerschaft eher pragmatisch als emotional ist. Die Zunahme des Transnationalismus kann auf längere Sicht dazu führen, dass der Begriff der Staatsbürgerschaft neu durchdacht werden muss« (in: R. Iredale [u.a.], Hrsg., *Migration in Asia-Pacific*, Cheltenham: Edward Elgar, 2003, S. 19).

3 Migration und Globalisierung

Die internationale Migration ist ein wichtiger Aspekt der Globalisierung und daher immer stärker mit den Veränderungen der globalen ökonomischen und sozialen Strukturen verankert. Zunehmende Unterschiede im Entwicklungsstand, in der Demographie und der demokratischen Entwicklung sind ebenso wichtige Gründe für eine Migration wie die globale Krise der Arbeitsmärkte, von der zahlreiche Entwicklungsländer betroffen sind. Die Segmentierung der Arbeitsmärkte in den reicheren Ländern führt zunehmend zu einem Arbeitskräftemangel in diesen Ländern. Neue Kommunikationsmöglichkeiten haben bei den potenziellen Migranten zu einem wachsenden Bewusstsein globaler Unterschiede und Chancen geführt, und Änderungen in den Transportmöglichkeiten haben Auslandsreisen verbilligt und vereinfacht. Migrationsnetzwerke haben sich mit großer Geschwindigkeit ausgedehnt und begünstigen die Migration damit noch mehr. Neue Rechte und Ansprüche erlauben es bestimmten Einzelpersonen, Grenzen leichter zu überschreiten und sich im Ausland aufzuhalten. Schließlich verleiht auch das Wachstum in der Migrationsindustrie der internationalen Migration weitere Impulse, selbst dort, wo sie offiziell nicht zugelassen ist. Das vorliegende Kapitel erläutert nun, warum es heute mehr Gründe und Möglichkeiten für die Migration gibt als jemals zuvor.

Zunehmende Unterschiede

Der Entwicklungsstand eines Landes lässt sich nur schwer messen. Das Entwicklungsprojekt der Vereinten Nationen (UNDP) hat einen weithin verwendeten Human Development Index (HDI, »UN-Entwicklungsindex«) definiert. Dieser Index bewertet Länder unter der Maßgabe folgender drei Aspekte: dem Einkommen, der medizinischen Versorgung sowie der Erziehung und Ausbildung der Bevölkerung. Gemäß dem entsprechenden UN-Bericht des Jahres 2005 ist es, obwohl der HDI in allen Ländern mit hohem und mittlerem Entwicklungstand (d.h. der sogenannten ersten und zweiten Welt) zugenommen hat, in einigen der ärmsten Länder zu einem noch nie dagewesenen Rückgang des Entwicklungsstandes gekommen. In achtzehn Ländern lag der HDI im Jahr 2005 unter dem des Jahres 1980. Bei zwölf von ihnen handelte es sich um afrikanische Länder südlich der Sahara. Es ist also in diesen Ländern nicht nur zu einer Verschlechterung des Lebensstandards der Bevölkerung gekommen, sondern gleichzeitig hat sich auch der Abstand zwischen diesen Ländern und dem Rest der Welt vergrößert. Nach Meinung einiger Beobachter haben sich als Folge der globalen Finanzkrise diese Unterschiede möglicherweise noch verschärft.

Einige der vom Entwicklungsprojekt der Vereinten Nationen (UNDP) veröffentlichten Statistiken sind tatsächlich äußerst deprimierend. Weltweit verdienen etwa 550 Millionen der erwerbstätigen Menschen weniger als einen Dollar am Tag. Mehr als 850 Millionen Menschen, wozu weltweit ein Drittel der Kinder im Vorschulalter gehören, sind unterernährt. Mehr als eine Milliarde Menschen hat keinen

Was ist Globalisierung?

Der Begriff der Globalisierung ist so komplex wie umstritten. David Held, einer der führenden Theoretiker der Globalisierung, hat in *Global Transformations* (1999) die folgende Definition vorgeschlagen: »Man kann sich Globalisierung als den Prozess (oder die Summe der Prozesse) vorstellen, der eine Umwandlung der räumlichen Organisation von sozialen Beziehungen und Transaktionen darstellt (bewertet hinsichtlich ihres Umfangs, ihrer Intensität, Geschwindigkeit und Auswirkungen). Dieser Prozess führt zu kontinenteübergreifenden und interregionalen Aktivitätsströmen und -netzwerken, zu wechselseitigen Interaktionen sowie zur Ausübung von Macht.« Diese Prozesse haben bereits den grenzübergreifenden Austausch von Waren, Ideen, Informationen und Kapital in zunehmendem Maße gefördert, und zahlreiche Beobachter vertreten die Auffassung, dass die Globalisierung außerdem auch die Migration in andere Länder verstärkt.

Zugang zu sauberem Wasser, und 2,5 Milliarden Menschen verfügen über keine sanitären Anlagen. Weltweit erhalten etwa 115 Millionen Kinder, von denen die meisten in subsaharischen Ländern Afrikas leben, nicht einmal die elementarste Grundschulbildung. Ein Mädchen in Afrika oder den arabischen Staaten muss befürchten, dass es durchschnittlich ein Jahr weniger Schulbildung erhält als ein Junge. In Südasien sind es zwei Jahre weniger. In den Entwicklungsländern können durchschnittlich nur 58 Prozent der Frauen lesen und schreiben, verglichen mit 68 Prozent der Männer.

Entwicklungsrückstände werden durch den Druck einer wachsenden Bevölkerung noch verschlimmert. Fast 5 Milliarden Menschen, oder 80 Prozent der Weltbevölkerung, leben gegenwärtig in armen oder bestenfalls in Ländern mit mittleren Einkommen. Während die Bevölkerung in zahlreichen wohlhabenderen Ländern der Welt zurückgeht, nimmt sie in vielen ärmeren Ländern stark zu. Die Zunahme der Weltbevölkerung geht heute fast ausschließlich auf das Bevölkerungswachstum in den Entwicklungsländern zurück. Im Durchschnitt bringt eine Frau in Afrika heute 5,2 Kinder zur Welt, während es in Europa lediglich 1,4 Kinder sind. Diese Tendenz hat zur Folge, dass der Anteil der Weltbevölkerung, der in Entwicklungsländern lebt, in Zukunft noch weiter zunehmen wird. Eine Konsequenz der hohen Geburtenrate in den Entwicklungsländern besteht darin, dass der Bevölkerungsanteil junger Menschen dort wesentlich höher liegt als in den hochentwickelten Industrienationen.

Es ist kein Zufall, dass es sich bei einer Vielzahl der armen Länder außerdem um Staaten handelt, deren demokratische Entwicklung gefährdet, in denen die Macht des Gesetzes schwach und Korruption allgegenwärtig ist. Durch Migration versuchen die Menschen nicht nur, sich und ihre Familien vor politischen Krisen, bewaffneten Konflikten und sonstigen Risiken, sondern auch vor den Folgen einer schwachen Wirtschaft und eines unberechenbaren Marktes zu schützen. In manchen Fällen sind sie gezwungen, aus ihren Heimatländern zu fliehen, weil der Staat nicht mehr in der Lage ist, sie vor den Auswirkungen von Konflikten oder vor Verfolgung zu bewahren. In den schlimmsten Fällen sind es die Regierungen der Staaten selbst, die für diese Straftaten verantwortlich sind.

Es ist wichtig hervorzuheben, dass es nicht notwendigerweise Unterentwicklung, Überbevölkerung oder eine schlechte Regierung an sich sind, die Migration zur Folge haben, sondern die Unterschiede zwischen den verschiedenen Teilen der Welt. Das Bruttoinlandsprodukt (BIP) pro Kopf der Bevölkerung, der am häufigsten verwendete ökonomische Indikator dafür, wieviel die Menschen eines Landes verdienen, liegt in den hochentwickelten Ländern sechsundsechzigmal höher als in den Entwicklungsländern. Ein Kind, das heute in Burkina Faso zur Welt kommt, hat eine um 35 Jahre geringere Lebenserwartung als ein in Japan geborenes Kind, und wer in Indien geboren wird, muss befürchten, im Durchschnitt um 14 Jahre früher zu sterben als jemand, der in den USA zur Welt kommt. Während in den ärmeren Ländern nur eine begrenzte Anzahl von Kindern eine schulische Ausbildung bekommt und der Alphabetisierungsgrad niedrig ist, werden in den reicheren Ländern alle Kinder eingeschult und können fast alle Menschen lesen und schreiben. Hinzu kommt, dass – bis auf wenige Ausnahmen – in den ärmsten Ländern die korruptesten und undemokratischsten Regierungen an der Macht sind.

Die globale Krise der Arbeitsmärkte

Einer der wichtigsten Gründe für die Migration ist die Suche nach Arbeit. Obwohl es diesbezüglich erhebliche Unterschiede gibt, ist die Zahl der Arbeitslosen in den hochentwickelten Ländern in den letzten Jahren zurückgegangen. Im Gegensatz dazu hat sie in den meisten Entwicklungsländern zugenommen oder ist auf einem hohen Stand gleich geblieben. Vergleicht man die Arbeitslosigkeit in den bevölkerungsreichsten Regionen der Welt, so ist sie mit über 12 Prozent im Nahen Osten und in Nordafrika am höchsten. Die Arbeitslosigkeit in den Industrienationen betrug dagegen im Durchschnitt nur 6 Prozent. Sie erhöhte sich jedoch beträchtlich im Zuge der globalen Finanzkrise.

Die gegenwärtige Krise der Arbeitsmärkte drückt sich jedoch nicht nur in den Arbeitslosenzahlen aus. Viele Menschen sind unterbeschäftigt. Meist arbeiten sie in der Schattenwirtschaft, deren Arbeitsplatzangebot nur schwer vorhersagbar ist. Arbeitsmöglichkeiten kommen und gehen mit den Jahreszeiten, und in manchen Fällen sogar von Woche zu Woche oder gar von Tag zu Tag. Zudem können die Arbeitsbedingungen katastrophal sein. Selbst für diejenigen, die Arbeit haben, reicht der Lohn oft kaum zum Überleben. Das Entwicklungsprojekt der Vereinten Nationen (UNDP) schätzt, dass Armut zwar voraussichtlich zurückgehen, dennoch in absehbarer Zukunft auf einem hohen Stand bleiben wird. Im Jahr 2015 werden etwa 380 Millionen Menschen immer noch versuchen müssen, von weniger als einem Dollar am Tag zu überleben. Die globale Arbeitsmarktkrise zeigt sich auch darin, dass Schätzungen der internationalen Arbeitsorganisation zufolge gegenwärtig etwa 12 Millionen Menschen Zwangsarbeit verrichten müssen.

Menschen, deren Einkommen von der Landwirtschaft abhängt, sind in den Entwicklungsländern besonderen Belastungen ausgesetzt. Sie machen etwa die Hälfte der gesamten erwerbstätigen Bevölkerung aus, d.h. etwa 1,3 Milliarden Menschen. Viele von ihnen sind Besitzer kleiner Höfe, deren Absatzmöglichkeiten durch die wachsenden Marktanteile konkurrierender Erzeuger und eine Verschlechterung der Umweltbedingungen bedroht sind. Häufig werden sie außerdem aufgrund ihrer schwachen politischen Position unverhältnismäßig hoch besteuert. In den letzten Jahren ist in den Entwicklungsländern die Schere zwischen den Einkommen aus landwirtschaftlicher und nichtlandwirtschaftlicher Arbeit deutlich weiter aufgegangen. Dies hat zu einer Zunahme der Migration vom Land in die Stadt geführt, da die Bauern und ihre Familien bessere Möglichkeiten zur Sicherung des Lebensunterhalts in kleineren und größeren Städten zu finden versuchen. Für viele dieser Menschen ist die interne Migration in eine Stadt der erste Schritt in Richtung internationaler Migration und zum Verlassen ihres Landes.

Die Segmentierung der Arbeitsmärkte

Volkswirtschaften mit hohem Durchschnittseinkommen zeichnen sich zunehmend durch eine Segmentierung der Arbeitsmärkte aus. Dieses Phänomen tritt auf, wenn bestimmte Bereiche des Arbeitsmarktes von einheimischen Arbeitskräften gemieden werden, weil in ihnen nur niedrige Löhne gezahlt werden, nur eine geringe Arbeitsplatzsicherheit besteht oder weil sie nur einen geringen Status haben. Aus diesen Gründen arbeiten dort hauptsächlich Migranten. Die Arbeit in diesen Bereichen ist oft schmutzig, gefährlich oder körperlich sehr anstrengend, oder sie bringt sogar alle drei Nachteile mit sich. Solche Arbeitsplätze finden sich vor allem in der Land- oder Holzwirtschaft, auf Plantagen, in der Schwer- und Bauindustrie sowie im Bereich häuslicher Dienstleistungen. Untersuchungen ha-

Abb. 3: Migranten als Schwarzarbeiter in der Landwirtschaft (North Carolina, USA)

ben ergeben, dass einheimische Arbeitskräfte selbst in Zeiten wirtschaftlicher Rezession derartige Arbeiten nur widerwillig annehmen, so dass der Bedarf an Arbeitsmigranten in bestimmtem Umfang unabhängig von der jeweiligen Konjunktur bestehen bleibt.

In den genannten Bereichen beschäftigte Migranten verfügen häufig über keine Arbeitspapiere oder haben einen irregulären Status, weshalb sie im Gegensatz zu anderen

Arbeitskräften eher bereit sind, geringe Löhne und unsichere Arbeitsverhältnisse zu akzeptieren. In vielen Landwirtschaftsbetrieben der USA arbeiten irreguläre mexikanische Migranten, in der Russischen Föderation sind es irreguläre Migranten, die in der Schwerindustrie die benötigten Arbeitskräfte stellen, und in Großbritannien sowie in mehreren anderen europäischen Ländern sind die Bauwirtschaft, die Lebensmittelindustrie sowie zahlreiche andere Dienstleistungsbetriebe auf irreguläre Migranten angewiesen. Wenn die Pizza, die man am Abend zuvor gegessen hat, erfreulich preiswert war, mag dies daran liegen, dass das Küchenpersonal einen irregulären Status hat und deshalb weniger als den Mindestlohn verdient. Der Vorteil für Arbeitgeber besteht darin, dass irreguläre Migranten flexibel sind und für wenig Geld arbeiten. Die Migranten selbst werden jedoch häufig ausgebeutet und schlecht behandelt.

Neuerungen in den Kommunikations- und Transportmöglichkeiten

Die rasante Zunahme der Kommunikationsmöglichkeiten ist ein zentraler Aspekt des Globalisierungsprozesses. Ein großer Teil der wissenschaftlichen Publikationen zur Globalisierung hat sich auf die explosionsartig beschleunigte High-Tech-Entwicklung konzentriert, d.h. auf die Entwicklung von E-Mail und Internet, von elektronischen Foren und Satellitenfernsehsendern ebenso wie auf die Entwicklung von Mobiltelefonen und billigen internationalen Fernsprechverbindungen. So hat man beispielsweise geschätzt, dass die Zahl der Telefonleitungen zwischen den Jahren 1990 und 2000 weltweit von 700 Millionen auf 2,5 Milliarden angestiegen ist, während die Zahl der Internet-Benutzer von kaum einer Million auf bis zu mehr als einer Milliarde angewachsen ist. Diese Neuerung hat zunehmende globale Verflechtungen ermöglicht und dazu geführt, dass die Entfernungen zwischen verschiedenen Teilen der Welt geschrumpft sind. Für die Migration ist diese Entwicklung aus zwei Gründen bedeutsam. Erstens macht sie Menschen darauf aufmerksam, wie unterschiedlich die Lebensstandards in den verschiedenen Teilen der Welt sind. Zweitens führt sie ihnen die Möglichkeiten vor Augen, ihr eigenes Land zu verlassen und in einem anderen zu arbeiten.

Die Mobiltelefon-Revolution in Afrika

Man schätzt, dass es weltweit 2,4 Milliarden Benutzer von Mobiltelefonen gibt und dass in jeder Minute 1000 neue Subskribenten hinzukommen. 59 Prozent der Benutzer von Mobiltelefonen leben in den Entwicklungsländern. Dies macht das Mobiltelefon zur ersten Kommunikationstechnologie der Geschichte, die in den Entwicklungsländern mehr Benutzer als in den Industriestaaten hat. In Afrika nimmt die Nutzung des Mobiltelefons schneller zu als in jedem anderen Teil der Welt. Sie stieg von 63 Millionen Benutzern vor zwei Jahren sprunghaft auf gegenwärtig 152 Millionen Benutzer an. Allein in der Demokratischen Republik Kongo gibt es 3,2 Millionen Mobiltelefone, und täglich unterschreiben 8000 neue Kunden den Vertrag eines Anbieters. Verglichen damit gibt es in diesem Land nur 20 000 herkömmliche Landleitungen.

Man kann die rasante Zunahme der Kommunikationsmöglichkeiten jedoch auch überbewerten. Nach wie vor gibt es ein beträchtliches »digitales Gefälle«. Dieser Ausdruck bezeichnet den Unterschied, der zwischen den armen und reichen Ländern bezüglich der Zugriffsmöglichkeiten auf Informationsressourcen besteht. Im Jahr 2000 hob der damalige UN-Generalsekretär Kofi Annan diese Tatsache in einer Rede mit einem eindringlichen Beispiel hervor. Er sagte, dass »die Hälfte der Weltbevölkerung noch nie einen Anruf bekommen oder gemacht hat«, obwohl diese Aussage seither in weiten Kreisen bestritten worden ist. Die Aufhebung des digitalen Gefälles gilt dennoch als wichtige Voraussetzung dafür, die Ziele der globalen Gleichheit, der zunehmenden sozialen Mobilität, der Ermutigung zur Demokratie sowie der Förderung wirtschaftlichen Wachstums zu erreichen.

Eine weitere »Revolution«, auf die in der Forschungsliteratur über die Globalisierung häufig Bezug genommen wird, ist die Zunahme der Reisemöglichkeiten. Hiermit ist zum einen gemeint, dass es mehr Angebote an internationalen Reisen gibt, und andererseits die Tatsache, dass die Kosten für internationale Reisen gesunken sind. Der Grund für den Rückgang der Flugreisekosten bestand hauptsächlich in der zunehmenden Konkurrenz zwischen den Fluggesellschaften. Auch hier wäre es allerdings ein Irrtum, anzunehmen, dass diese grundlegenden Änderungen in allen Teilen der Welt stattgefunden haben. Dennoch schätzt man, dass es heute maximal 2500 US-Dollar kostet, auf legale Weise von einem beliebigen Ort der Welt zu einem beliebigen anderen zu reisen. Wie wir in Kapitel 5 noch sehen werden, kann es sehr viel teurer sein – ungeachtet der

Abb. 4: Obdachloser in der Nähe eines Internet-Cafés in Bangalore (Indien)

Möglichkeit dazu – illegal zu reisen. Wenn der grundlegende Wandel der Kommunikationsmöglichkeiten vielen potenziellen Migranten die Gründe bewusster gemacht hat, die für eine Migration sprechen, so hat die Zunahme der Reisemöglichkeiten es ihnen erleichtert, einen Migrationswunsch in die Tat umzusetzen. Auch in diesem Fall ist es allerdings wichtig, dass man die direkten Folgen dieser Veränderungen nicht überschätzt: Internationale Reisen sind für die Mehrheit der Weltbevölkerung nach wie vor unerschwinglich. Außerdem stehen Reisewilligen viele administrative Hindernisse im Weg, z. B. wenn ein Reisepass oder ein Visum besorgt werden muss.

Migrationsnetzwerke

Die meisten Migranten begeben sich in Länder, in denen bereits Freunde oder Familienmitglieder leben. Sie bilden auf diese Weise Netzwerke, die häufig als transnationale Migrationsnetzwerke bezeichnet werden. Man hat behauptet, dass diese Netzwerke eine der Hauptursachen für die gegenwärtige Zunahme der Migration sind, denn sie führen zu einem ständigen Kreislauf: Die Zunahme der Migration bedeutet, dass mehr Menschen als jemals zuvor Freunde oder Familienmitglieder haben, die bereits im Ausland leben. Außerdem haben die geographischen Verschiebungen im Migrationsverhalten dazu geführt, dass diese Netzwerke potenziellen Migranten in armen Ländern häufiger als bisher Kontakte zu Migrationszielen in reicheren Ländern ermöglichen.

Es hat sich erwiesen, dass Migrationsnetzwerke die Migration im wesentlichen auf dreierlei Art fördern. Erstens bieten sie Informationen, wobei häufig die bereits genannten Kommunikationstechnologien genutzt werden. Zweitens finanzieren sie Reisen, indem sie potenziellen Migranten Geld leihen. Drittens hat sich gezeigt, dass Migrationsnetzwerke auch insofern von zentraler Bedeutung sind, als sie neuen Migranten helfen, sich in der neuen Umgebung einzugewöhnen: Sie stellen eine erste Unterkunft zur Verfügung, helfen bei der Arbeitssuche und bieten weitere wirtschaftliche und soziale Unterstützung.

Entsprechende Forschungen haben gezeigt, dass der Charakter der Migrationsnetzwerke stark von den örtlichen Migrationsmustern, den Gegebenheiten in den jeweiligen Ländern sowie von den soziokulturellen Eigenschaften der jeweiligen Migranten abhängt. Eine wichtige Beobachtung zu den Migrationsnetzwerken lässt sich allerdings verallgemeinern: Sie erfüllen ihre Funktion weitgehend unabhängig vom wirtschaftlichen Wohlstand der Zielländer. Außerdem hat man festgestellt, dass sich die von Migrationsnetzwerken ausgehenden Impulse durch politische Maßnahmen nur schwer unterbinden lassen.

Neue Rechte und Ansprüche

Die Rechte und Ansprüche, die es bestimmten Personen ermöglichen, wesentlich problemloser als bisher Grenzen zu überschreiten und im Ausland zu bleiben, sind beträchtlich erweitert worden. So ermöglicht zum Beispiel der Abbau interner Grenzen innerhalb der Europäischen Gemeinschaft den freien Reiseverkehr von EU-Bürgern innerhalb ihrer Region. Das nordamerikanische Freihandelsabkommen (NAFTA) sowie regionale wirtschaftliche Vereinbarungen in anderen Teilen der Welt, einschließlich Afrikas und Südamerikas, enthalten ebenfalls Bestimmungen bezüglich des ungehinderten Reisens von Arbeitskräften. Hinzu kommt, dass bestimmte Personengruppen – wie etwa Geschäftsleute, Akademiker, Studenten, Sportler und Künstler der Unterhaltungsindustrie – häufig entweder überhaupt kein Visum benötigen oder im Schnellverfahren ein Visum beantragen können. Mehr Staaten als je zuvor erlauben den engsten Familienmitgliedern von ausländischen Arbeitskräften, die sich für längere Zeit im Land befinden, ebenfalls die Einreise. Auch das andere Ende des Migrationsspektrums soll nicht unerwähnt bleiben. Die meisten Länder der Erde haben die UN-Flüchtlingskonvention von 1951 unterzeichnet, die – wie wir in Kapitel 6 noch sehen werden – Flüchtlingen auch außerhalb ihrer Länder Schutz und Hilfe garantiert.

Was den Umfang der neuen Rechte und Ansprüche anbetrifft, so finden sich allerdings gelegentlich übertriebene Darstellungen. In den meisten regionalen Wirtschaftsabkommen außerhalb der EU wird noch keine freie Einreise von Arbeitskräften garantiert. In den USA haben Sicherheitsbedenken die Immigrationspolitik so sehr überschattet, dass die Zahl der H1-B-Visa, die an einreisende Spezialisten und Fachkräfte ausgegeben werden, seit dem 11. September 2001 auf weniger als die Hälfte zurückgegangen ist. Personen, die einen Antrag auf Familienzusammenführung stellen, sehen sich in immer stärkerem Maße mit äußerst strengen Verwaltungsabläufen konfrontiert. Außerdem wird die Mobilität zahlreicher anderer Personen, z. B. ungelernter Arbeiter und Asylsuchender, zunehmend eingeschränkt.

Die Migrationsindustrie

Die Migration wird von zahlreichen Einzelpersonen und Vermittlern unterstützt. Hierzu gehören Personalbeschaffer, Immigrationsanwälte, Reiseagenturen, Makler, Wohnungsanbieter, Agenturen für Auslandszahlungen, Immigrations- und Zollbeamte sowie eigens hierzu ins Leben gerufene Institutionen wie etwa die Internationale Organisation für Migration (IOM), die im Rahmen offizieller Umsiedlungs- oder Rückkehrprogramme häufig für den Transport von Migranten und Flüchtlingen verantwortlich ist. Außerdem gibt es Nichtregierungsorganisationen (NGOs/NROs), die Migranten und Flüchtlingen Hilfe und Obdach anbieten. All diese Personen und Organisationen wurden von einigen Migrationsfachleuten als Teile einer neuen »Migrationsindustrie« oder eines »Migrationsgeschäfts« bezeichnet, das genau wie jedes andere Geschäft das Ziel eines kommerziellen Gewinns verfolgt. Wie in Kapitel 5 noch genauer erläutert wird, gibt es auch eine illegale Seite der Migrationsindustrie, die Menschenhhandel und Migrantenschmuggel einschließt.

Man hat behauptet, dass die enormen Profite, die beim Geschäft mit der Migration erzielt werden, dem Prozess zusätzlich eine erhebliche Dynamik verleihen. Gleichzeitig ist es aufgrund der zunehmenden Komplexität dieses Prozesses – der Zusammenführung von hochorganisierten Gruppen mit kleinen Betreibern und Unterhändlern in den Ursprungs-, Durchreise- und Zielländern – sehr schwer, mit Hilfe politischer Maßnahmen zu intervenieren, um seine negativen Auswirkungen zu unterbinden.

Die Migrationsindustrie in historischer Perspektive

Die Migrationsindustrie ist nicht neu, neu sind lediglich ihr Umfang und die mit ihr erzielten Profite. Als der Historiker Robert Harney im Jahr 1977 über die Emigration von Italien in die USA am Ende des 19. Jahrhunderts schrieb, prägte er den Ausdruck des »Geschäfts mit der Migration«. Er notierte: »Es steht fest, dass Bürokraten, Notare, Anwälte, Gastwirte, Kredithaie, *mercante di campagna*, Laufburschen in den Hafenstädten, Agenten, ja sogar Zugschaffner vom Emigrationshandel abhängen« (»The Commerce of Migration«, in: *Canadian Ethnic Studies* 9, 1977, S. 42). Auch Jorge Durant schilderte die wichtige Funktion, die Anwerbern am Ende des 19. Jahrhunderts bei der Förderung der Migration aus der Zentralregion im Westen Mexikos in die USA zukam. Sie stellten den Kontakt der Arbeiterschaft dieser Region mit denjenigen Industrien im Südwesten Amerikas her, die die Arbeitskräfte benötigten.

Gründe für die Migration

Das vorliegende Kapitel hat in gedrängter Form einige der wichtigsten strukturellen Änderungen der Weltwirtschaft erläutert, deren Zusammenwirken immer mehr Menschen Anreize und Möglichkeiten zur Migration bietet. Dennoch muss dies vor dem Hintergrund gesehen werden, dass nur 3 Prozent der Weltbevölkerung internationale Migranten sind. Angesichts wachsender Ungleichheiten, eines erweiterten Bewusstseins für die Chancen eines besseren Lebens anderswo und der Tatsache, dass die Reisemöglichkeiten ständig zunehmen, ist eigentlich die Frage berechtigt, warum nur so wenige Menschen migrieren.

Auf ein paar mögliche Antworten wurde bereits ansatzweise hingewiesen. Die Ärmsten der Armen, die von den globalen Ungleichheiten am stärksten betroffen sind, können es sich nicht leisten, in ein anderes Land umzusiedeln. Viele Menschen, die aufgrund von Armut migrieren, ziehen innerhalb ihrer eigenen Länder an einen anderen Ort, normalerweise vom Land in die Stadt. Die Zahl der arbeitslosen und unterbeschäftigten Menschen im ärmeren Teil der Welt ist wesentlich größer als die der verfügbaren Arbeitsplätze. Dies trifft auch dann noch zu, wenn man die segmentierten Arbeitsmärkte der Volkswirtschaften reicher Länder in die Rechnung mit einbezieht. Der grundlegende Wandel des Kommunikations- und Transportwesens ist nicht so global, wie manche Beobachter annehmen. Dasselbe gilt auch für die Migrationsnetzwerke. Im großen und ganzen haben nur wenige Privilegierte das Recht zur Migration oder einen Anspruch darauf. Und da die Migrationsindustrie von Profiten abängig ist, hat sie kein Interesse daran, die Kosten der Migration zu senken.

Der Forschungsliteratur lassen sich mindestens drei weitere Gründe entnehmen. Der wichtigste ist die Trägheit: Die meisten Menschen wollen ihre Familie, ihre Freunde und die ihnen vertraute Kultur nicht verlassen und bleiben daher in dem Land, in dem sie geboren wurden. Ein weiterer Grund besteht darin, dass Regierungen die Migration kontrollieren. Viele kommunistische Länder haben ihre Einwohner an der Ausreise gehindert. Seit dem Zusammenbruch der Sowjetunion und dem Ende des Kalten Krieges ist dies heute aber nur noch sehr selten der Fall (erwähnenswerte Ausnahmen sind Kuba und Nordkorea). Jetzt sind es weit häufiger die Zielländer, die die Migration kontrollieren, obwohl ihre Bemühungen darum nicht immer erfolgreich sind. Auch die Tatsache, dass die Migration rückläufig ist, wenn die Entwicklung eines Landes vorankommt, erklärt, warum Menschen in ihrer Heimat bleiben. Denn obwohl die zu Beginn des vorliegenden Kapitels aufgeführten Statistiken deprimierend sind, verzeichnen die meisten Länder dennoch eine Entwicklung – wenn sie auch manchmal nur schmerzlich langsam vorangeht. Im nächsten Kapitel wenden wir uns daher dem Zusammenhang von Migration und Entwicklung zu.

4 Migration und Entwicklung

Zwischen der internationalen Migration und der Länderentwicklung bestehen zwei wesentliche Zusammenhänge. Im vorigen Kapitel wurde einer von ihnen erläutert, nämlich die Tatsache, dass ein unterschiedlicher Entwicklungsstand der Migration förderlich sein kann. Im folgenden soll diese Beziehung von der anderen Seite dargestellt und der Frage nachgegangen werden, wie die internationale Migration auf die Entwicklung der Ursprungsländer zurückwirkt. Es gehört zu den positiven Folgen der internationalen Migration, dass Migranten große Geldsummen in ihre Heimat überweisen und das Leben dort auch auf vielerlei andere Weise unterstützen. Und wenn sie schließlich zurückkehren, bringen sie vielleicht neuerworbene berufliche Fähigkeiten, Erfahrungen und Kontakte mit. Wie bereits im ersten Kapitel kurz angedeutet, zählt es jedoch zu den möglichen negativen Auswirkungen der Migration, dass durch die damit verbundene Abwanderung von Fachkräften einem Land ein Teil genau derjenigen Kenntnisse und Fähigkeiten verlorengeht, an denen ohnehin bereits ein Mangel besteht.

Geldüberweisungen aus dem Ausland

Damit werden üblicherweise Gelder bezeichnet, die Migranten aus dem Ausland in ihre Heimat schicken. Es ist mittlerweile hoffentlich klar geworden, dass fast alles, was mit der Migration zu tun hat, sich nur schwer exakt quantifizieren lässt, und für Geldüberweisungen aus dem Ausland gilt dies in besonderem Maße. Während ein Teil der Überweisungen offiziell über Bankkonten abgewickelt wird, so dass eine Übersicht darüber möglich ist, wird wahrscheinlich ein größerer Teil des Geldes über inoffizielle Kanäle in die Heimat geschickt. Ein Grund hierfür sind die hohen Kosten, die von Banken und Vermittlern für den Geldtransfer berechnet werden (siehe Tabelle 3). Zu den inoffiziellen Formen des Geldtransfers gehört etwa, wenn Migranten bei Heimatbesuchen Bargeld mitnehmen oder wenn sie Freunden oder Verwandten bei deren Heimatbesuchen Bargeld mitgeben. Manchmal nehmen Unternehmer oder Händler, die regelmäßig zwischen einem Heimat- und einem Gastland hin- und herpendeln, gegen eine geringfügige Provision Bargeld mit. In Kuba beispielsweise sind diese Unternehmer als *mulas* bekannt. Das ausgeklügeltste System des inoffiziellen Geldtransfers ist möglicherweise das *Hawilaad*-System in Somalia (siehe S. 70), dessen Umfang völlig unbekannt ist. Darüber hinaus lassen sich selbst offizielle Überweisungen zahlenmäßig nicht immer genau erfassen, da Banken häufig entweder nicht in der Lage oder nicht gewillt sind, über die Einzelheiten privater Überweisungen Auskunft zu erteilen.

Trotz dieser Schwierigkeiten veröffentlicht die Weltbank jährlich Schätzungen über den weltweiten Umfang der Geldüberweisungen von Migranten in ihre Heimat. Nach diesen Schätzungen haben Migranten im Jahr 2010 etwa 300 Milliarden US-Dollar in ihre Heimat überwiesen. Obwohl die Überweisungen während der Finanzkrise weltweit zurückgingen, scheint sich dieser Markt nun wieder rasch zu erholen. Bei den genannten Zahlen handelt es sich um erstaunlich hohe Summen, die auch deshalb so bemerkenswert sind, weil sie eine Zunahme der Geldsendun-

Land	Prozent des überwiesenen Betrags
Mosambik	1,0
Türkei	4,9
Portugal	5,0
Ecuador	5,6
Pakistan	5,7
El Salvador	6,0
Kolumbien	6,2
Peru	6,5
Griechenland	7,1
Indien	8,1
Philippinen	8,2
Bolivien	8,4
Dominikanische Republik	8,4
Mexiko	9,2
Venezuela	10,5
Ägypten	13,8

Tabelle 3: Durchschnittliche Gebühren für Überweisungen aus den USA in eine Reihe ausgewählter Länder im Jahr 2004
Quelle: UNDESA, *World Economic and Social Survey: International Migration*, New York: UN, 2004.

gen um 50 Prozent in nur 5 Jahren bedeuten. Als Hauptgrund hierfür sind die Auswirkungen der Globalisierung zu sehen. Einigen Fachleuten zufolge stellen die offiziellen Geldüberweisungen heute weltweit den zweitgrößten legalen Gütertransfer nach dem Öl dar (Drogen ausgenommen).

Abb. 5: Reklametafel in Mogadishu (Somalia), auf der ein internationales Geldtransferunternehmen für seine Dienstleistungen wirbt

In den Entwicklungsländern stellen Geldüberweisungen aus dem Ausland nach unternehmerischen Investitionen die wichtigste externe Einnahmequelle dar. Sie sind etwa dreimal so hoch wie die Spenden, die die Entwicklungsländer über die Entwicklungshilfe und von karitativen Organisationen erhalten. Man hat sogar geschätzt, dass der Gesamtbetrag der inoffiziellen Überweisungen möglicherweise das Doppelte der offiziellen Überweisungen beträgt. Wenn diese Schätzung zutrifft, beträgt der Gesamtwert von Überweisungen möglicherweise 600 Milliarden US-Dollar im Jahr.

Das *Hawilaad*-System

Das *Hawilaad-* (oder *Xawilaad-*)System wurde von somalischen Händlern aufgebaut. Sie sammeln von ihren emigrierten Landsleuten Beiträge in harter Währung ein und verwenden dieses Geld dann zum Ankauf von Waren, die in Somalia verkauft werden können. In regelmäßigen Abständen kehren sie nach Somalia zurück, verkaufen ihre Waren und zahlen dann den Gegenwert in somalischer Währung an die Familien der Migranten aus. Der durch den Verkauf erwirtschaftete Profit wird dadurch sozusagen zur Händlerprovision. Dieses System des Geldtransfers ist in somalischen Gemeinschaften auf der ganzen Welt sehr weit verbreitet. Nach den Terrorangriffen vom 11. September 2001 wurde versucht, es zu überwachen oder zu beenden, da es Hinweise darauf gab, dass die Finanzierung der Angriffe teilweise über Somalia abgewickelt wurde. Es hat sich jedoch als schwierig erwiesen, diesem System des Geldtransfers eine offizielle Form zu geben, und es scheint nach wie vor weit verbreitet zu sein.

Im Jahr 2004 waren Mexiko, Indien und die Philippinen mit jeweils 16, 9,9 und 8,5 Milliarden US-Dollar die drei Länder mit den höchsten Geldüberweisungen aus dem Ausland. Als Prozentsatz des Bruttoinlandsprodukts lagen die Überweisungen jedoch am höchsten in kleinen Ländern, und zwar in Jordanien bei 23 Prozent, in Lesotho bei 27 Prozent und in Tonga bei 37 Prozent. Ferner ist erwähnenswert, dass die Länder südlich der Sahara im Vergleich zu anderen Regionen der Zweiten und Dritten Welt den geringsten Prozentsatz an Überweisungen erhielten. Er betrug lediglich 1,5 Prozent des globalen Gesamtwerts. Im

Jahr 2004 waren die USA, Saudi-Arabien sowie Belgien, Deutschland und die Schweiz mit 28, 15 und jeweils 8 Milliarden US-Dollar diejenigen Länder, aus denen die größten Geldsummen ins Ausland überwiesen wurden.

Die Frage, wie sich diese Überweisungen in den jeweiligen Heimatländern auswirken, wird nach wie vor intensiv diskutiert. Ganz offensichtlich nutzen sie den Menschen, die sie direkt empfangen, da diese häufig zu den Ärmsten der Gesellschaft gehören. Die Geldsendungen können sie über die Armutsschwelle heben. So hat man beispielsweise geschätzt, dass das durchschnittliche Familieneinkommen in Somalia durch Überweisungen aus dem Ausland verdoppelt wird, während sie in Lesotho sogar 80 Prozent des Einkommens ländlicher Haushalte ausmachen.

Geldüberweisungen aus dem Ausland, die Globalisierung und die »drei Ts«

Der Hauptgrund dafür, warum die Überweisungen aus dem Ausland in den letzten Jahren so schnell an Umfang zugenommen haben, ist der Prozess der Globalisierung. Insbesondere sind drei Faktoren zu nennen, die von der Globalisierung bedingt sind und das Ausmaß der Geldüberweisungen von Migranten in die Heimat verstärken. Einer dieser Faktoren ist der Transport, insbesondere der preisgünstige Transport mit Flugzeugen. Der zweite ist die Zunahme des Tourismus: Viele Migranten nehmen Geld mit nach Hause, wenn sie die Heimat zu einem Urlaub besuchen. Der dritte Faktor ist die Telekommunikation. Kostengünstige Anrufe und die Ausweitung des Internetzugangs haben zur Folge, dass Migranten und ihre Familien regelmäßiger als bisher miteinander in Kontakt bleiben und dass Freunde und Familien leichter um Hilfe bitten können.

Überweisungen aus dem Ausland erhöhen jedoch nicht nur die Einkommen, sondern verbreitern auch deren Basis, so dass weniger Haushalte von einer einzigen Einkommensquelle abhängig sind. Daher stellen die Geldsendungen auch eine Art Risikoversicherung dar. Häufig wird das überwiesene Geld u. a. für die Ausbildung von Kindern oder die Gesundheitsvorsorge für ältere Menschen verwendet.

Wie sehr die Überweisungen aus dem Ausland auch Personen außerhalb der unmittelbaren Familie zugute kommen, hängt jedoch davon ab, wie dieses Geld ausgegeben wird. Wird es beispielsweise dazu verwendet, kleinere Betriebe zu gründen, oder in kommunale Projekte investiert, wie etwa Brunnen, Schulen oder medizinische Versorgungsstationen, können dadurch Arbeitsplätze geschaffen und Dienstleistungen bereitgestellt werden, von denen nicht nur die direkten Empfänger, sondern auch andere Menschen profitieren. Wird es hingegen, wie dies häufig der Fall ist, für Konsumgüter ausgegeben, wie zum Beispiel für Autos und Fernsehgeräte, oder werden Schulden damit beglichen, ist das Geld nur von begrenztem Nutzen. Hinzu kommt, dass in Fällen, in denen einige Haushalte Auslandsüberweisungen erhalten, andere hingegen nicht, bestehende Ungleichheiten verstärkt und das Gemeinwesen negativ beeinflusst werden können. In diesem Zusammenhang darf nicht vergessen werden, dass die Geldsendungen möglicherweise auch regionale Ungleichgewichte schaffen, und zwar in den Gegenden, aus denen die Migranten stammen. Darüber hinaus gibt es Anzeichen dafür, dass sie zur Bezahlung von Migrantenschmugglern verwendet werden, um Familienangehörigen zu helfen, auf illegale Weise in reichere Länder umzusiedeln.

Überweisungen aus dem Ausland sind in letzter Zeit äußerst positiv beurteilt worden, nicht nur in den Medien, sondern auch in akademischen und politischen Kreisen. Dennoch sind Warnungen angebracht. Erstens wird den Problemen, die sich daraus ergeben, dass Migranten – manchmal für längere Zeiträume – von ihren Familien in der Heimat getrennt sind, zu wenig Aufmerksamkeit gewidmet. Auf Dauer können Geldüberweisungen in die Heimat weder die Trennung von einem Partner kompensieren noch dafür entschädigen, dass jemand seine Kinder nicht aufwachsen sieht oder sich nicht um seine alternden Eltern kümmern kann.

Zweitens sollte nicht unterschätzt werden, wie belastend für Migranten die Erwartung sein kann, dass sie Geld in die Heimat überweisen. Sie sind vielleicht arbeitslos oder haben einen unsicheren oder unterbezahlten Arbeitsplatz, dennoch erwarten die Menschen in ihrer Heimat häufig, dass sie größere Geldbeträge überweisen. Untersuchungen haben ergeben, dass dies interessanterweise häufig daran liegt, dass Migranten ihren Familien falsche Tatsachen über ihre tatsächliche Arbeit und über ihr Einkommen vorspiegeln. Haben beispielsweise Eltern ihr Haus verkauft, um ihr Kind nach Paris schicken zu können, so kann man es diesem Kind nachsehen, wenn es seine Eltern glauben machen will, es habe eine schöne Wohnung und eine interessante Arbeit gefunden. Es möchte bestimmt nicht, dass seine Eltern erfahren, dass es stattdessen mit sechs anderen Personen ein Zimmer teilt und die Straßen kehrt oder als Prostituierte arbeitet.

Schließlich kann sich durch Geldüberweisungen aus dem Ausland in den Ursprungsländern eine »Migrations-

Der Druck, Geld zu überweisen

Zwischen 1999 und 2001, als sich Eritrea mit dem benachbarten Äthiopien im Krieg befand, habe ich in Großbritannien, Deutschland und in den USA Interviews mit 100 eritreischen Migranten und Flüchtlingen durchgeführt. Während des Konflikts standen sie unter besonderem Druck, Geld in ihre Heimat zu überweisen. Viele junge Männer wurden in die Armee einberufen, wodurch sich die Unterhaltsmöglichkeiten der Familien weiter verringerten. Bei einer Veranstaltung in einem eritreischen Gemeindezentrum in Berlin wurden Urkunden ausgegeben, die den Mitgliedern des Zentrums für die finanzielle Unterstützung der Heimat gratulierten. Einer der Veranstaltungsteilnehmer hatte im Vormonat kein Geld nach Hause geschickt, da er seine Arbeit verloren hatte. Dies war ihm äußerst peinlich, und er schämte sich, dass er der einzige war, der keine Urkunde und keinen Applaus bekam. Den Tränen nahe verließ er die Veranstaltung schon früh. Obwohl es sich hier um ungewöhnliche Umstände handelt, veranschaulicht dieses Beispiel den Druck, dem Migranten ausgesetzt sind, nicht nur von den Menschen in der Heimat, sondern auch von ihren Landsleuten im Ausland.

kultur« entwickeln, die dazu führt, dass junge Menschen nur die scheinbaren Segnungen der Migration wahrnehmen und unrealistische Erwartungen mit einer Auswanderung verbinden. Manche verlieren vielleicht auch durch die Abhängigkeit von Geldüberweisungen die Motivation für die Suche nach einer eigenen Arbeit.

Eine besonders interessante Idee, die in den letzten Jahren aus der Forschungsliteratur hervorgegangen ist, speziell aus derjenigen, die mit den Arbeiten von Peggy Levitt in

Zusammenhang steht, betrifft die »sozialen Zuwendungen«. Dieser Ausdruck bezeichnet den Sachverhalt, dass Migranten nicht nur Geld überweisen, sondern auch neue Ideen, soziale und kulturelle Bräuche und Verhaltensweisen übermitteln. Dies kann beispielsweise innerhalb von Familien geschehen, wenn ein Elternteil, der im Ausland arbeitet, im Urlaub nach Hause zurückkommt und einem Kind neues Gedankengut nahebringt. Es kann aber auch auf offiziellem Wege geschehen, indem Migranten Beiträge in den Medien ihrer Heimatländer veröffentlichen. Die wirkungsvollste Methode, über die sich heute Vorstellungen und Ideen verbreiten, ist jedoch wahrscheinlich das Internet. Obwohl der Zugang zum Internet, wie wir in Kapitel 3 gesehen haben, in vielen ärmeren Ländern noch immer sehr eingeschränkt ist, wird es von den an der Meinungsbildung in diesen Ländern beteiligten Personen, wie etwa Politiker und Journalisten, häufig benutzt. Daher können E-Mail-Kampagnen und Diskussionsforen möglicherweise Einfluss ausüben.

Diaspora-Organisationen

Leben in einem bestimmten Gastland viele Migranten aus derselben Stadt, derselben Region oder demselben Ursprungsland, schließen sie sich häufig in offiziellen Organisationen zusammen. Diese haben unterschiedliche Formen. Dazu gehören beispielsweise Berufsverbände, die Ärzte, Anwälte oder Lehrer desselben Ursprungslandes zusammenbringen, oder auch Organisationen, die auf einem gemeinsamen Interesse basieren, wie etwa an Sport, Religion, Frauen- und Männergruppen. Außerdem gibt es

Heimatstadtverbände

Mexikanische Heimatstadtverbände haben eine lange Geschichte. Die bekanntesten wurden in den 1950er Jahren gegründet. In 30 Städten der USA gibt es zurzeit insgesamt über 600 mexikanische Heimatstadtverbände. Sie unterstützen öffentliche Projekte in ihren Herkunftsorten, z. B. die Verbesserung der öffentlichen Infrastruktur (etwa durch den Bau neuer oder die Reparatur vorhandener Straßen), spenden Betriebsmittel und Ausrüstungen (z. B. Krankenwagen und medizinisches Gerät) und unterstützen die Bildungsarbeit (z. B. durch die Gründung von Stipendienprogrammen, den Bau von Schulen und die Bereitstellung von Schulmaterialien).

karitative oder der Entwicklungsarbeit gewidmete Organisationen. Eine weitere Gruppe sind Heimatstadtverbände, in der sich Menschen aus derselben Stadt zusammenschließen, um einen Beitrag zur Entwicklung ihrer Heimatstadt zu leisten. Wie bereits in Kapitel 2 angedeutet, wird zur Bezeichnung dieser unterschiedlichen Migrantenorganisationen häufig der Oberbegriff »Diaspora« verwendet.

In der Regel sammeln diese Diaspora-Organisationen Spenden ihrer Mitglieder, um sie in das Heimatland zu schicken, wo sie speziellen Zwecken dienen. Wie im obenstehenden Text geschildert, kann es sich hierbei um laufende Entwicklungsprojekte handeln. Die Spenden können auch für die Hilfe in Notfällen bestimmt sein. So haben sich beispielsweise im Jahr 2005, als Reaktion auf das Erdbeben in Nordpakistan, Diaspora-Organisationen kurzfristig zusammengeschlossen, um Geld, medizinisches Gerät, Zelte und Nahrungsmittel in das Krisengebiet zu schicken.

Diaspora-Organisationen leisten jedoch nicht nur einen wirtschaftlichen Beitrag, indem sie Geld und materielle Güter in ihre Heimat schicken. Sie können sich auch an den politischen, sozialen und kulturellen Angelegenheiten ihrer Heimatländer und -gemeinschaften beteiligen. Der sichtbarste politische Beitrag besteht in der Teilnahme der im Ausland lebenden Staatsbürger an nationalen (und manchmal auch regionalen) Wahlen in der Heimat. In dem von einer außergewöhnlich kleinen Mehrheit entschiedenen US-Wahlkampf des Jahres 2000, in dem Al Gore George W. Bush nur äußerst knapp unterlag, hing das Ergebnis in einigen Bundesstaaten von den Stimmen im Ausland lebender US-Bürger ab. Man schätzt, dass während des Unabhängigkeitsreferendums in Eritrea im Jahr 1993 bis zu 98 Prozent der im Ausland lebenden eritreischen Bürger von ihrem Wahlrecht Gebrauch gemacht haben. Eritrea liefert noch weitere Beispiele dafür, auf welche Weise Diaspora-Organisationen einen politischen Beitrag leisten können. Nach der Unabhängigkeit wurden beispielsweise Vertreter eritreischer Diaspora-Organisationen offiziell in die Kommission berufen, die für die Ausarbeitung einer Verfassung verantwortlich war.

Der Beitrag, den Diaspora-Organisationen zum sozialen und kulturellen Leben eines Landes leisten, ist zwar schwerer zu quantifizieren, kann sich aber als äußerst einflussreich erweisen. Ein gutes Beispiel hierfür ist Somalia. Somalische Diaspora-Organisationen haben den größten Teil der Kosten für den Wiederaufbau der Universität von Hargeisa und der Amoud-Universität in Boorama übernommen. Außerdem haben sich im Ausland lebende somalische Akademiker beurlauben lassen und sind in ihre

Heimat zurückgekehrt, um an den Universitäten zu unterrichten und junge somalische Hochschullehrer auszubilden. Durch technische Neuerungen wird es für Diaspora-Organisationen zunehmend leichter, Unterstützung anzubieten, ohne Personal zu entsenden, zum Beispiel indem sie über das Internet Trainingsprogramme und Video-Konferenzen bereitstellen. Man bezeichnet dies manchmal als »virtuellen Auslandsbeitrag«.

Immer mehr Länder weltweit beginnen zu begreifen, wie groß der potenzielle Beitrag ist, den Diaspora-Organisationen leisten, und sie bemühen sich daher, diese Organisationen zu weiterer Unterstützung zu mobilisieren. Dies kann zum einen auf höchst offizielle Weise geschehen. So sitzt beispielsweise am Kabinettstisch der mexikanischen Regierung ein Minister, der eigens für die Beziehungen zu Mexikanern im Ausland zuständig ist. Es kann jedoch auch weniger offiziell vonstatten gehen, etwa dadurch, dass Regierungsvertreter zu Organisationen in verschiedenen Zielländern entsandt werden, um dort Vorträge zu halten.

So wie es angebracht ist, gegenüber den Geldüberweisungen aus dem Ausland bestimmte Vorbehalte anzumelden, darf ein Hinweis auf die Probleme, die mit dem potenziellen Beitrag von Diaspora-Organisationen zusammenhängen, nicht fehlen. Sie tragen nämlich nicht nur zur Entwicklung eines Landes bei, sondern unterstützen möglicherweise auch Kriege. So haben Auslandsüberweisungen äthiopischer und eritreischer Diaspora-Organisationen sicherlich dabei geholfen, die militärische Auseinandersetzung zwischen beiden Ländern zu finanzieren. Hinzu kommt, dass Diaspora-Organisationen häufig von einer bestimmten religiösen oder ethnischen Gruppe dominiert werden und dass ihre Beiträge oft ausschließlich für diese Gruppen bestimmt sind, wodurch vorhandene Ungleichheiten noch verschärft werden. Ferner stammen die Mitglieder von Diaspora-Organisationen häufig aus gebildeten, elitären Schichten, was sich in der Art ihrer Beiträge widerspiegelt. Vom Bau einer Universität wird beispielsweise ein armer Bauer in einer ländlichen Gegend kaum profitieren.

Rückkehr in die Heimat

Neben den Geldüberweisungen und dem kollektiven Beitrag, den Diaspora-Organisationen leisten, gibt es noch eine dritte Möglichkeit, wie Migranten die Entwicklung ihrer Heimatländer fördern können, nämlich indem sie in ihre Ursprungsländer zurückkehren. Sie können im Ausland angespartes Geld nach ihrer Rückkehr investieren, zum Beispiel indem sie kleinere Unternehmen gründen. Verfügen sie bei ihrer Rückkehr über ein Netzwerk guter Auslandskontakte, kann dies zur Ausgangsbasis von mittelständischen Handels- und Import-/Export-Aktivitäten werden. Wie bereits angedeutet, können sie auch neues Wissen mitbringen und die Landsleute in ihrer unmittelbaren Umgebung zu unternehmerischen Aktivitäten anregen.

Allerdings sollte man den Einfluss heimkehrender Migranten auch nicht überschätzen. Einige kehren zurück, weil sie im Ausland keinen Erfolg hatten. Möglicherweise kehren sie ohne jegliche Ersparnisse und ohne neue Erfahrungen in dasselbe Leben zurück, das sie vor ihrer Auswanderung geführt haben. Häufig kehren sie auch zurück, um in der Heimat ihren Ruhestand zu verbringen, nachdem sie ihre Arbeitsjahre im Ausland zugebracht haben. Trotz des Geldes und der Erfahrungen, die sie mitbringen, sind sie dann nicht mehr beruflich oder wirtschaftlich aktiv. Wie sehr ihre Rückkehr sich auf das Heimatland auswirkt, hängt von den dort herrschenden Verhältnissen ab. Wenn sich beispielsweise kein Grundbesitz erwerben lässt, die Steuern zu hoch oder das Angebot an qualifizierten Arbeitskräften zu gering sind, können selbst Migranten, die mit den besten Absichten zurückkehren und beispielsweise ein Geschäft gründen wollen, sehr schnell frustriert sein, weil ihre Pläne sich möglicherweise als nicht realisierbar erweisen.

Wie in den Kapiteln 1 und 2 bereits geschildert, scheint es eine zunehmende Tendenz in Richtung »zirkuläre Migration« zu geben, d. h. Migranten kehren nur für kurze Zeit in ihre Heimat zurück und emigrieren danach erneut. Besonders unter Gesetzgebern wird die Frage diskutiert, ob auch die kurzfristige Rückkehr von Migranten etwas zur Entwicklung eines Landes beiträgt. Begrenzte Umfragen unter indischen Arbeitern in den Golfstaaten, die ihren Urlaub in der Heimat verbringen, legen den Schluss nahe, dass die Heimatbesuche für die Wirtschaft vor Ort einen sofortigen Aufschwung bedeuten. Ein Grund hierfür ist, dass Migranten, die für eine kurze Zeit heimkehren, häufig »prahlen«: Sie geben für ihre Freunde und Familien großzügig Geld aus und zeigen ein auffälliges Konsumverhalten, indem sie Geschenke machen, Mahlzeiten und Getränke spendieren.

Die Abwanderung von hochqualifizierten Arbeitskräften

Sofern es in einem Land eine hohe Arbeitslosigkeit gibt, kann sich die Emigration positiv auswirken, da sie die Konkurrenz um wenige offene Stellen verringert. Dies ist einer der Gründe, warum beispielsweise die Regierung der Philippinen ihre Bevölkerung zur Emigration ermutigt. Ein anderer Grund ist das Geld, das diese Migranten nach Hause überweisen.

Migration kann sich jedoch als selektiv erweisen, denn diejenigen, die ihr Land verlassen, gehören manchmal zu den unternehmerisch aktivsten, den am besten ausgebildeten und intelligentesten Mitgliedern einer Gesellschaft. Wenn an ihren Qualifikationen kein Mangel herrscht, muss dies kein Problem bedeuten. Indien kann es sich zum Beispiel leisten, dass Computerfachleute und Techniker in großer Zahl emigrieren, da im heutigen Indien sehr viele junge Menschen über die entsprechenden Kenntnisse und Fähigkeiten verfügen. In der Regel wird jedoch durch die Emigration qualifizierter Personen ein bereits bestehender Fachkräftemangel noch weiter verstärkt. Man bezeichnet diesen Prozess häufig als »Braindrain«. Durch die Abwanderung gehen einem Land nicht nur Qualifikationen verloren, sondern sie hat auch zur Folge, dass ein Land die Früchte seiner Investitionen in Schulen und Ausbildungsstätten nicht ernten kann.

Am eingehendsten hat man dieses Phänomen in den ärmeren Ländern untersucht. Besonders besorgniserregend ist die Emigration von Mitarbeitern des Gesundheitswesens – von Ärzten, Krankenschwestern und Krankenpflegern – aus den Ländern südlich der Sahara. Einige der relevanten Statistiken sind alarmierend. Seit dem Jahr 2000 haben sich allein in Großbritannien fast 16 000 Krankenschwestern und -pfleger aus den Ländern südlich der Sahara als verfügbare Arbeitskräfte registrieren lassen. In Zambia praktizieren von den 600 Ärzten, die seit der Unabhängigkeit des Landes ausgebildet wurden, heute nur noch 50. Man hat geschätzt, dass zurzeit in Manchester mehr Ärzte aus Malawi ihren Beruf ausüben als im Gesamtgebiet von Malawi selbst. An dieser Stelle sei noch einmal an die im vorigen Kapitel genannten Zahlen zur geringeren Lebenserwartung von Kindern in den ärmeren Ländern erinnert. Sie verdeutlichen, wie negativ sich das Fehlen von Ärzten auf die Entwicklung dieser Länder auswirkt.

Darüber hinaus ist erwähnenswert, dass auch immer mehr Lehrer aus Afrika abwandern, wenn dieses Problem auch bislang weniger Beachtung gefunden hat. Der gleichfalls im vorigen Kapitel erwähnte niedrige Grad der Alphabetisierung in den ärmeren Ländern zeigt, warum dies so bedenklich ist.

Die Reaktionen auf die Abwanderung von hochqualifizierten Arbeitskräften sind unterschiedlich. Man kann zum einen die Ansicht vertreten, dass die betreffenden Personen durch die Emigration den Versuch unternehmen, ihre individuellen Lebensumstände zu verbessern und das eigene Potenzial zu verwirklichen, und dass daran nichts auszusetzen ist. Zum anderen kann man der Auffassung sein, dass das Problem aufseiten der Länder liegt, aus denen die Fachkräfte abwandern, weil man ihnen weder angemessene Stellen und Karrieremöglichkeiten noch Anreize bietet, in ihrem Heimatland zu bleiben. Es wurde aber auch Kritik an den reicheren Ländern laut, in die die Fachkräfte abwandern, insbesondere dann, wenn diese Länder qualifizierte Fachkräfte aus ärmeren Ländern abwerben. Man hat einigen Ländern vorgeworfen, dass sie sich weltweit die besten Fachleute zusammensuchen, so dass nur noch wenige für die übrigen Länder zur Verfügung stehen. Manche Beobachter sind der Meinung, dass die reicheren den ärmeren Ländern für den Verlust an Fachkräften einen Ausgleich zahlen sollten. Eine Alternative hierzu stellen ethisch vertretbarere Personalbeschaffungsmethoden dar, die die Anwerbung von Fachkräften aus Berufszweigen und Ländern verhindern, in denen an den betreffenden Qualifikationen ein besonders großer Mangel herrscht. Längerfristig scheinen jedoch zeitlich begrenzte Migrationsprogramme, die dafür sorgen, dass Migranten nach einer bestimmten Anzahl von Arbeitsjahren im Ausland wieder in ihre Ursprungsländer zurückkehren, die zukunftsweisendere Antwort auf diese Herausforderung zu sein. In Kapitel 8 werde ich dieses Thema näher erläutern.

5 Irreguläre Migration

Irreguläre Migranten verlassen ihre Ursprungsländer aus genau den gleichen Gründen wie alle anderen Migranten. Der Grund dafür, dass immer mehr Migranten irregulär statt legal auswandern, besteht darin, dass legale Reisen immer stärker eingeschränkt werden, hauptsächlich aufseiten der Zielländer. Mehr Menschen als jemals zuvor wollen in andere Länder auswandern, doch bieten sich ihnen dazu immer weniger legale Möglichkeiten. Wie wir an späterer Stelle des vorliegenden Kapitels noch sehen werden, hat sich als Reaktion auf den Wunsch, trotz der gesetzlichen Beschränkungen in ein anderes Land auszuwandern, ein milliardenschweres Geschäft entwickelt, das mit Menschenhandel und Migrantenschmuggel einhergeht.

Was ist irreguläre Migration?

Den Lesern wird mittlerweile aufgefallen sein, dass ich mich dafür entschieden habe, die Begriffe »irregulärer Migrant« und »irreguläre Migration« zu verwenden, weil ich den üblicheren Ausdruck »illegal« mit Bedacht vermeiden möchte. Die schärfste Kritik, die man gegen diesen Ausdruck vorbringen kann, ist, dass man damit Menschen ihr Menschsein abspricht, indem man sie als »illegal« definiert: Ein menschliches Wesen kann nicht illegal sein. Was bei einer Verwendung dieses Ausdrucks leicht in Vergessenheit geraten kann, ist, dass Migranten Menschen sind, die unabhängig von ihrem wie auch immer beschaffenen legalen Status bestimmte Rechte haben. Ein weiterer Kritik-

Abb. 6: Migranten am US-amerikanischen Grenzzaun in Tijuana (Mexiko)

punkt besteht in der Nähe des Begriffs »illegal« zur Kriminalität. Die meisten irregulären Migranten sind keine Kriminellen, obwohl sie de facto Regeln und Vorschriften verletzt haben.

Die beiden anderen Ausdrücke, die in diesem Kontext häufig verwendet werden, sind »ohne Papiere« und »ohne Genehmigung«. Den ersten Ausdruck vermeide ich aufgrund seiner Doppeldeutigkeit, denn er wird manchmal zur Bezeichnung von Migranten verwendet, die nicht erfasst (oder registriert) wurden, und manchmal für Migranten ohne Ausweispapiere (z.B. ohne Reisepass oder Arbeitserlaubnis). Darüber hinaus befinden sich nicht sämtliche irregulären Migranten notwendigerweise in einer der beiden Situationen: Viele sind den Behörden bekannt und verfügen über Papiere. Dennoch wird der Ausdruck »ohne Papiere« häufig für beide Gruppen verwendet. Ähnliches gilt für den Ausdruck »ohne Genehmigung«. Nicht alle irregulären Migranten sind notwendigerweise ohne Aufenthaltserlaubnis, so dass auch dieser Ausdruck häufig unzutreffend ist. »Irreguläre Migration« ist zwar eine etwas unbeholfene Bezeichnung, ich halte sie dennoch für die beste der üblicherweise verwendeten Alternativen.

»Irreguläre Migration« ist ein komplexer und vielschichtiger Begriff, der einer sorgfältigen Klärung bedarf. Erstens ist es wichtig, sich klarzumachen, dass ein Migrant auf unterschiedliche Weise den Status der Irregularität erwerben kann. Der Ausdruck »irregulärer Migrant« trifft auf Menschen zu, die ohne die erforderliche Genehmigung in ein Land einreisen, indem sie beispielsweise in das Land kommen, ohne eine Grenzkontrolle zu passieren, oder indem sie mit gefälschten Papieren reisen. Hierzu gehören auch Personen, die auf völlig legale Weise in ein Land eingereist sind, dann jedoch länger dort bleiben als erlaubt. Sie können beispielsweise in einem Land bleiben, obwohl ihr Visum oder ihre Arbeitserlaubnis bereits abgelaufen ist, oder sie verschaffen sich ein Bleiberecht durch eine Scheinheirat oder -adoption, ein Scheinstudium oder eine betrügerische Selbständigkeit. Der Ausdruck »irregulärer Migrant« bezeichnet auch Personen, die von Migrantenschmugglern oder Menschenhändlern eingeschleust werden, oder solche, die das Asylrecht absichtlich missbrauchen.

Zweitens gibt es wichtige regionale Unterschiede in der Art der Verwendung des Ausdrucks »irreguläre Migration«. In Europa, wo beispielsweise die Einreise von Personen

Wer ist ein irregulärer Migrant?

Im Jahr 2001 wurden in der englischen Hafenstadt Dover im Laderaum eines Lastwagens 58 Chinesen tot aufgefunden. In einer einzigen, nicht einmal eine Minute dauernden Sendung des BBC wurden sie als »illegale Migranten«, »Wirtschaftsmigranten«, »Asylsuchende« und »Flüchtlinge« bezeichnet. Das einzige, was sich mit Sicherheit sagen lässt, ist, dass diese Menschen illegal nach Großbritannien gekommen sind, ohne sich den Grenzbehörden zu präsentieren, so dass die Bezeichnung »illegal«, oder vorzugsweise »irregulär«, in der Tat zutrifft. Wie wir in Kapitel 2 gesehen haben, ist ein Wirtschaftsmigrant eine Person, die ihre Heimat verlassen hat, um Arbeit zu suchen. Da im geschilderten Fall die Betreffenden tragischerweise bereits ums Leben gekommen waren, weiß niemand, warum sie China verlassen haben. Gründe dafür können die Suche nach Arbeit oder die Flucht vor Verfolgung gewesen sein. Selbst wenn letzteres der Fall gewesen sein sollte, hatte dennoch keiner von ihnen einen Antrag auf Asyl gestellt, daher war strenggenommen keiner von ihnen ein Asylbewerber, und gewiss war keinem von ihnen der Status eines Flüchtlings zuerkannt worden.

von außerhalb der Europäischen Gemeinschaft genau kontrolliert wird, ist es relativ einfach, den Status der Irregularität zu definieren und irreguläre Migranten entsprechend zu identifizieren. In vielen Teilen Afrikas ist dies nicht der Fall, denn hier sind die Grenzen durchlässig. Verschiedene ethnische und sprachliche Gruppen leben auf beiden Seiten von zwischenstaatlichen Grenzen, einige Menschen gehören nomadischen Gemeinschaften an und viele verfügen über keinerlei Dokumente, aus denen ihr Geburtsort oder ihre Staatsangehörigkeit hervorgehen könnte.

Und schließlich ergibt sich eine letzte Schwierigkeit daraus, dass sich der Status eines Migranten – wie in Kapitel 2 bereits angedeutet – häufig im wahrsten Sinne des Wortes über Nacht ändern kann. Jemand mag auf irreguläre Weise in ein Land gekommen sein, kann dann jedoch seinen Status »regulieren«, indem er oder sie zum Beispiel Asyl beantragt oder an einem Regularisierungsprogramm teilnimmt. Umgekehrt kann jemand, der regulär in ein Land einreist, anschließend zum »irregulären Migranten« werden, wenn der oder die Betreffende ohne Arbeitserlaubnis arbeitet oder länger in dem Land bleibt als das Visum erlaubt. In Australien sind beispielsweise zahlreiche irreguläre Migranten britische Staatsbürger. Häufig handelt es sich hierbei um Studenten, die ihr Studium ein Jahr unterbrochen haben und dann über die Frist ihres Visums hinaus im Land geblieben sind. Aus Asylbewerbern werden irreguläre Migranten, wenn ihr Antrag abgelehnt wurde und sie dann unerlaubt weiterhin im Land bleiben. Generell lässt sich feststellen, dass immer mehr internationale Migranten lange Reisen auf sich nehmen, um von einer Region der Erde in eine andere zu gelangen. Auf dem Weg zu ihrem Ziel durchqueren sie eine Reihe von Ländern. Dabei kann es geschehen, dass ein Migrant – je nach den Visa-Anforderungen der betreffenden Länder – erst einen irregulären und dann wieder einen regulären Status annimmt.

Wie viele irreguläre Migranten gibt es?

Eine Auseinandersetzung mit der irregulären Migration wird zusätzlich dadurch erschwert, dass ein eklatanter Mangel an zuverlässigen Daten besteht. Daher ist es sehr schwer, Tendenzen zu erkennen oder die Häufigkeit des Phänomens in verschiedenen Teilen der Welt miteinander zu vergleichen. Ein Grund hierfür ist begrifflicher Art: Wie wir gesehen haben, umfasst der Begriff einerseits eine Reihe von Personen, die sich aus unterschiedlichen Gründen in einer irregulären Situation befinden, andererseits ist es möglich, dass Migranten von einem regulären zu einem irregulären Status wechseln – und umgekehrt.

Ein weiterer Grund ist methodischer Natur. Das Zählen von irregulären Migranten ist keine exakte Wissenschaft, um es vorsichtig auszudrücken. Aufgrund der Angst vor Entdeckung vermeiden es Personen ohne einen regulären Status aller Wahrscheinlichkeit nach, Kontakt zu den Behörden aufzunehmen, und bleiben auf diese Weise unregistriert. Die meisten Beobachter stimmen darin überein, dass die überwiegende Mehrheit irregulärer Migranten nicht erfasst ist. Zur Schätzung ihrer Anzahl sind verschiedene Methoden angewendet worden, es ist aber zu betonen, dass sich keine von ihnen als umfassend erwiesen hat. In manchen Ländern werden regelmäßig Amnestien verfügt, die es fremden Staatsangehörigen, die in diesen Ländern wohnen oder arbeiten, ermöglichen, ihren Status zu legalisieren. Man hat auch versucht, irreguläre Migranten direkt zu befragen, obwohl es schwer ist, auf sie zuzugehen. Überdies können die aus verschiedenen Quellen verfügbaren Daten zu den erfassten Migranten und zur Gesamtbevölkerung miteinander verglichen werden, um so Diskrepanzen zu ermitteln, die sich mit Hilfe der irregulären Migration erklären lassen. Schließlich können Befragungen von Arbeitgebern indirekt Aufschluss über ausländische Beschäftigte ohne rechtlichen Status geben.

Sieht man von denjenigen ab, die ausgewiesen werden, ist es ebenso unmöglich, genaue Zahlenangaben darüber zu machen, wie viele irreguläre Migranten in ihre Heimat zurückkehren. Entsprechende Untersuchungen haben ergeben, dass die Annahme, sämtliche irregulären Migranten blieben auf Dauer im Land, nicht zutrifft. Viele scheinen aus einem speziellen, in der Regel finanziellen Grund in ein Zielland zu kommen, zum Beispiel, um das Geld für einen Hausbau, die Ausbildung der Kinder oder die Rückzahlung von Schulden zu verdienen.

Ein weiteres Problem stellt der meist sehr eingeschränkte Zugang zu entsprechenden Datensammlungen dar. In vielen Ländern werden diese von Vollzugsbehörden erhoben und der Öffentlichkeit nicht zugänglich gemacht. Überdies kommt es vor, dass Daten und Informationen, die den irregulären Status einer Person belegen könnten, häufig auf verschiedene Behörden verteilt sind, wie zum Beispiel auf Ministerien, die Polizei und auf Arbeitsämter. Die internationale Kooperation bei der Zusammenstellung von Daten ist sogar noch problematischer. Es gibt keine zuverlässige Quelle über globale Trends und Zahlen in der irregulären Migration, und die verfügbaren Quellen sind nicht umfassend.

Es herrscht jedoch weitgehend Einigkeit darüber, dass in dem Maße, in dem die Zahl der internationalen Migranten wächst, auch der globale Umfang der irregulären Migration zunimmt. Die meisten Schätzungen zur irregulären Migration erfolgen auf nationaler Ebene. So schätzt man beispielsweise, dass es in den USA über 10 Millionen irreguläre Migranten gibt, was fast einem Drittel der im Ausland geborenen Bevölkerung entspricht. Mehr als die Hälfte von ihnen sind Mexikaner. Einigen Schätzungen zufolge sind sogar etwa die Hälfte der in Mexiko geborenen Einwohner der USA, fast 5 Millionen Menschen, irreguläre Migranten. Trotz der verstärkten Bemühungen um bessere Grenzkontrollen kommen jährlich etwa 500 000 weitere Migranten unerlaubt in die USA. Man schätzt außerdem, dass es etwa 3,5 bis 5 Millionen irreguläre Migranten in der Russischen Föderation gibt, die hauptsächlich aus den Staaten der ehemaligen Sowjetunion sowie aus Südostasien stammen. In Indien soll gegenwärtig sogar die immens große Zahl von 20 Millionen irregulären Migranten leben.

Sowohl im regionalen als auch globalen Maßstab sind weitere Schätzungen verfügbar. Schätzungen der OECD (Organisation für wirtschaftliche Zusammenarbeit und Entwicklung) zufolge hatten im Jahr 2000 mindestens 5 Millionen oder 10 Prozent der 56 Millionen Migranten in Europa einen irregulären Status. Man schätzt, dass jährlich eine halbe Million hinzukommt. Weit mehr als 50 Prozent der Migranten in Afrika und Lateinamerika sollen einen irregulären Status haben. Das internationale Zentrum für die Entwicklung der Migrationspolitik hat geschätzt, dass jährlich weltweit zwischen 2,5 bis 4 Millionen Menschen unerlaubt Staatsgrenzen überschreiten. Allerdings gibt es beträchtliche Schwankungen in den zur Verfügung gestellten Zahlen, und zwischen den verschiedenen Quellen bestehen äußerst große Diskrepanzen.

Doch selbst wenn wir davon ausgehen, dass die Zahlen unzuverlässig sind, lässt sich ihre Bedeutsamkeit nicht bestreiten. Es ist leicht einsehbar, warum sie Anlass zur Sorge geben. Dennoch ist es wichtig, das Phänomen der irregulären Migration in seinen korrekten Kontext zu stellen. In den meisten Ländern überwiegt die politische Bedeutung der irregulären Migration bei weitem die zahlenmäßige. Selbst die extremsten Schätzungen deuten darauf hin, dass die irreguläre Migration maximal 50 Prozent der weltweiten Migration ausmacht. In der EU und den meisten europäischen Einzelländern macht sie wahrscheinlich nicht mehr als 10 Prozent der gesamten Migration aus. Das Beispiel Großbritanniens ist besonders anschaulich. Die vorhandenen Schätzungen zur Anzahl der nach Großbritannien einwandernden irregulären Migranten weichen zwar stark voneinander ab, doch selbst die geschätzten Maximalzahlen erweisen sich als relativ gering im Vergleich zur regulären Migration in das Vereinigte Königreich. So kommen beispielsweise jährlich 120 000 ausländische Studenten, und weitere 200 000 Personen wandern legal ein, um in Großbritannien zu arbeiten.

Ferner ist es wichtig, die bereits ansässigen Migranten von den neu hinzukommenden zu unterscheiden. Es gibt wenige Schätzungen zur Zahl der ansässigen irregulären Migranten. So veröffentlicht beispielsweise kein Land der EU offizielle Schätzungen über den Anteil irregulärer Personen an seiner Bevölkerung. Dennoch besteht kein Zweifel daran, dass in den meisten Ländern die Zahl der ansässigen Migranten die der Neuankömmlinge weit übertrifft. Weltweit sind die meisten irregulären Migranten bereits in ihren Zielländern ansässig; sehr häufig haben sie eine Arbeit und eine Wohnung gefunden und ihre Kinder gehen sogar in die Schule. Mit anderen Worten: Sie sind bereits fest integriert in die Gesellschaften, in denen sie leben.

Die Herausforderungen der irregulären Migration

Politische und journalistische Debatten stellen die irreguläre Migration häufig als Bedrohung der staatlichen Souveränität dar. Etwas vereinfacht ausgedrückt besagt dieses Argument, dass Staaten das Hoheitsrecht haben, ihre Grenzen zu kontrollieren, und dass irreguläre Migranten daher die staatliche Souveränität bedrohen, indem sie diese Kontrolle unterlaufen. Hieraus ergibt sich, dass ein Ende der irregulären Migration von grundsätzlicher Bedeutung für die Wiederherstellung vollständiger staatlicher Souveränität ist. In bestimmten, extremeren Auseinandersetzungen wird die irreguläre Migration auch als Bedrohung der staatlichen Sicherheit gesehen. Man nimmt insbesondere an, dass sie ebenso wie das Asylrecht einen Kanal darstellt, über den potenzielle Terroristen in ein Land eingeschleust werden können. Angesichts der Sensibilität der aktuellen Diskussion ist eine äußerst sorgfältige Prüfung derartiger, möglicherweise zu Aggressionen aufstachelnden Schlussfolgerungen erforderlich.

Zunächst ist es wichtig, sich die Zahlen zu vergegenwärtigen, um die es hier geht. Ein wesentlicher Aspekt des Arguments, dass irreguläre Migration die staatliche Sicherheit bedroht, ist die zugrundeliegende Annahme, dass Staaten der Gefahr ausgesetzt sind, von Massen irregulärer Migranten überrannt oder gar erdrückt zu werden. Wie ich bereits erläutert habe, macht die Zahl der irregulären Migranten, obwohl sie nicht unerheblich ist, in den meisten Ländern in Wirklichkeit jedoch nur einen ziemlich kleinen Prozentsatz der Gesamtmigration aus.

Zweitens werden irregulären Migranten häufig ohne

jegliches Beweismaterial unlautere Absichten unterstellt. Zwei besonders weit verbreitete Auffassungen besagen, dass sich irreguläre Migranten an illegalen Aktivitäten beteiligen und dass sie im Zusammenhang mit der Verbreitung ansteckender Krankheiten stehen, besonders von HIV/AIDS. Bei beiden Behauptungen handelt es sich um grobe Verallgemeinerungen. Zwar sind einige irreguläre Migranten (und Asylsuchende) Kriminelle, und einige haben ansteckende Krankheiten – zum Beispiel infolge längerer Zeiten der Nicht-Sesshaftigkeit. Auf die meisten trifft jedoch weder das eine noch das andere zu. Durch die falsche Darstellung der Fakten werden sämtliche irregulären Migranten kriminalisiert und dämonisiert. Dies kann sie darin bestärken, im Untergrund zu bleiben. Außerdem lenkt dies die Aufmerksamkeit von denjenigen irregulären Migranten ab, die tatsächlich Kriminelle sind und daher gesetzlich verfolgt, und von solchen, die krank sind und deshalb medizinisch versorgt werden sollten.

Die ausschließliche Konzentration auf das Thema Terrorismus hat auch dazu geführt, dass andere, ebenso drängende Herausforderungen, die mit der irregulären Migration in Zusammenhang stehen, häufig übersehen werden. Es trifft zu, dass die irreguläre Migration möglicherweise die staatliche Sicherheit beeinträchtigt, doch dies geschieht meist auf einem anderen Weg als dem der Verbindung mit Terrorismus oder Gewalt. Wenn die irreguläre Migration mit Korruption und organisiertem Verbrechen einhergeht, kann sie tatsächlich eine Gefahr für die öffentliche Sicherheit bedeuten. Das trifft besonders auf Fälle zu, in denen Migrantenschmuggler und Menschenhändler illegale Einreisen vermitteln oder kriminelle Banden um die Kontrolle der Arbeitskraft von neu angekommenen Migranten konkurrieren.

Wenn die irreguläre Migration zum Kampf um eine geringe Zahl von Arbeitsplätzen führt, kann sie in der Bevölkerung des Gastlandes fremdenfeindliche Gefühle wecken. Es ist wichtig, in diesem Zusammenhang hervorzuheben, dass sich diese Gefühle häufig nicht nur gegen Migranten mit irregulärem Status, sondern auch gegen etablierte Migranten, Flüchtlinge und ethnische Minderheiten richten. Wenn die Medien diesem Sachverhalt verstärkt ihre Aufmerksamkeit widmen, kann irreguläre Migration das öffentliche Vertrauen in die Integrität und Effektivität der staatlichen Migrations- und Asylpolitik untergraben. Die irreguläre Migration kann daher auch einen Einfluss darauf haben, ob es Regierungen gelingt, die Kanäle der regulären Migration zu erweitern. Man sollte nicht unterschätzen, wie wichtig es für eine Regierung ist, dass die Bürger glauben, sie habe eine bestimmte Situation im Griff. In Anbetracht der Tatsache, dass es eine irreguläre Migration gibt, ist es eine berechtigte Frage der Wähler, warum noch mehr reguläre Migranten zugelassen werden sollten.

Trotz der Komplexität des Zusammenhangs zwischen Migration und Sicherheit ist es daher offensichtlich, dass irreguläre Migration die staatliche Sicherheit zu gefährden vermag. Doch die irreguläre Migration kann auch die Sicherheit der Migranten selbst gefährden. Die negativen Konsequenzen der irregulären Migration für die Migranten selbst werden häufig unterschätzt. Dabei kann sie die Migranten sogar in Lebensgefahr bringen. Eine große Zahl von Menschen kommt jährlich bei dem Versuch ums Leben, auf dem Landweg oder über das Meer Grenzen zu überwinden, ohne von den Behörden entdeckt zu werden. So hat man beispielsweise geschätzt, dass bei dem Versuch, das Mittelmeer von Afrika nach Europa zu überqueren, jedes Jahr bis zu 2000 Migranten sterben und dass der Versuch, die Grenze zu den USA zu überwinden, jährlich etwa 400 Mexikaner das Leben kostet. Völlig unbekannt ist hingegen die Zahl der Menschen, die ihre Heimat zwar verlassen haben, jedoch noch nicht an ihrem geplanten Ziel angekommen sind. Ebenso unbekannt ist, wie es ihnen auf den jeweiligen Zwischenstationen ergeht.

Frauen machen einen großen Anteil der zahlreichen irregulären Migranten aus. Da ihnen geschlechtsspezifische Diskriminierung droht, sind weibliche Migranten mit irregulärem Status häufig dazu gezwungen, die anspruchslosesten Jobs auf dem informellen Arbeitsmarkt anzunehmen. Ihre Menschenrechte können dabei so sehr missachtet werden, dass manche Berichterstatter den gegenwärtigen Menschenhandel mit dem Sklavenhandel der Vergangenheit verglichen haben. Insbesondere Frauen sind speziellen Gesundheitsrisiken ausgesetzt, einschließlich der Gefahr, an HIV/AIDS zu erkranken. Personen ohne Einreise- oder Aufenthaltserlaubnis laufen meist Gefahr, von Arbeitgebern oder Vermietern ausgebeutet zu werden. Wenn sie in ihrem Zielland angekommen sind, können irreguläre Migranten außerdem aufgrund ihres Status häufig ihre beruflichen Fähigkeiten und Erfahrungen nicht voll zum Einsatz bringen.

Der Status der Irregularität hindert sie daran, sich um Hilfe an die Behörden zu wenden, weil sie fürchten, festgenommen und ausgewiesen zu werden. Oft nutzen

Abb. 7: Migranten, die in Frethun (Nordfrankreich) über einen Zaun klettern, um auf einen Güterzug zu gelangen, der durch den Kanaltunnel nach Großbritannien fahren wird

sie daher nicht einmal diejenigen öffentlichen Leistungen, die ihnen zustehen, wie zum Beispiel medizinische Hilfe in Notfällen. In den meisten Ländern sind irreguläre Migranten außerdem von der Nutzung des vollen Umfangs der Leistungen ausgeschlossen, die Bürgern und Migranten mit regulärem Status zur Verfügung stehen. In dieser Situation sind die bereits erheblich unter Druck stehenden Nichtregierungsorganisationen, religiöse Verbände und andere gesellschaftliche Institutionen dazu verpflichtet, Migranten mit irregulärem Status zu helfen, auch wenn sie dabei manchmal ihre eigene Legalität aufs Spiel setzen.

Die irreguläre Migration ist ein emotional besonders aufgeladenes Thema, das überdies dazu tendiert, die Meinungen zu spalten. Denen, die sich um Grenzkontrollen und die nationale Sicherheit Sorgen machen, wird häufig von denjenigen widersprochen, deren Hauptanliegen die Menschenrechte der betroffenen Migranten sind. Eine weitere Herausforderung besteht also darin, eine sachliche Debatte nicht nur über die Ursachen und Konsequenzen der irregulären Migration zu führen, sondern auch über die Methoden, mit denen man am effektivsten mit ihr umgeht.

Menschenhandel und Migrantenschmuggel

Menschenhandel und Migrantenschmuggel machen weltweit wahrscheinlich nur einen relativ kleinen Prozentsatz der irregulären Migration aus. Sie haben jedoch in letzter Zeit so viel Aufmerksamkeit erregt, dass der Schluss des vorliegenden Kapitels diesem Thema gewidmet werden soll. Dabei stehen folgende vier Fragen im Mittelpunkt: Was sind Menschenhandel und Migrantenschmuggel? In welchem Umfang kommen sie vor? Welches sind die damit verbundenen Kosten? Was sind die Konsequenzen für die Migranten selbst?

Obwohl die beiden Begriffe häufig selbst von Verantwortlichen in der Politik und Wissenschaftlern durcheinandergebracht werden, gibt es einen rechtlichen Unterschied zwischen Menschenhandel und Migrantenschmuggel. Der Handel mit Menschen wird im UN-Zusatzprotokoll zur Verhütung, Bekämpfung und Bestrafung des Menschenhandels (1999) definiert als

> »die Anwerbung, Beförderung, Verbringung, Beherbergung oder Aufnahme von Personen durch die Androhung oder Anwendung von Gewalt oder andere Formen der Nötigung, durch Entführung, Betrug, Täuschung, Missbrauch von Macht oder Ausnutzung besonderer Hilflosigkeit oder durch Gewährung oder Entgegennahme von Zahlungen oder Vorteilen zur Erlangung des Einverständnisses einer Person, die Gewalt über eine andere Person hat, zum Zweck der Ausbeutung.«

Der Handel mit Frauen – und manchmal sogar mit Kindern –, um sie als Prostituierte oder auf dem Markt sexueller Dienste arbeiten zu lassen, hat die meiste Aufmerksamkeit erregt. Menschenhandel lässt sich zwar nur sehr schwer erforschen, was aber Studien der IOM zufolge typischerweise dabei geschieht, ist folgendes: Jungen Frauen wird versprochen, im Ausland Arbeit zu finden, und es wird ein Preis vereinbart, den die Frauen in Raten zurückzahlen müssen, sobald sie mit ihrer Arbeit begonnen haben. Daraufhin werden sie, normalerweise auf illegalem Weg, in ein Zielland gebracht. Dort stellen die Frauen fest, dass sie gezwungen sind, als Prostituierte zu arbeiten, und dass sie so gut wie ihr gesamtes Einkommen an den oder die Menschenhändler verlieren. Es gibt sogar Berichte von jungen Frauen und Kindern, die in ihren Häusern gekidnappt und verschleppt wurden. Daher bezeichnen einige den Menschhandel als moderne Version der Sklaverei.

Migrantenschmuggel ist definiert als »die Vermittlung der illegalen Einreise einer Person in einen Staat, dessen Angehöriger oder permanent dort Residierender die Person nicht ist, um auf direktem oder indirektem Wege einen finanziellen oder anderen materiellen Vorteil zu erzielen.« Im Gegensatz zum Menschenhandel erfolgt Migrantenschmuggel zum größten Teil freiwillig. Daran beteiligt sind potenzielle Migranten oder häufiger noch deren Familien, die einen Schmuggler dafür bezahlen, Personen auf illegale Weise in ein Zielland zu bringen. Nachdem sie dort angekommen sind, endet normalerweise die Verbindung mit dem Schmuggler, so dass es im Anschluss zu keiner Ausbeutung kommen kann, wie dies bei Opfern des Menschenhandels der Fall ist.

In Wirklichkeit jedoch kann die Grenze zwischen Menschenhandel und Migrantenschmuggel verschwimmen, besonders in Fällen, in denen Migranten den Schmuggler nicht schon vor der Migration bezahlen. Dies hat dann zur Folge, dass sie in der Schuld des Schmugglers stehen, wenn sie im Zielland eingetroffen sind, was wiederum zu einer Situation der Ausbeutung führen kann.

Was für die irreguläre Migration im allgemeinen gilt, gilt auch hier: Es ist unmöglich, genaue Daten zum Menschenhandel und Migrantenschmuggel zu nennen. Die erhältlichen Zahlen beziehen sich meist auf Personen, die aufgefunden werden und zugeben, geschmuggelt oder Menschenhändlern zum Opfer gefallen zu sein. Das Problem besteht darin, dass niemand weiß, welcher Prozentsatz der geschmuggelten Personen oder Opfer von Menschenhandel tatsächlich aufgefunden wird. Man wird wahrscheinlich davon ausgehen müssen, dass viele den Behörden niemals bekanntwerden.

Das Außenministerium der USA veröffentlicht jährliche Schätzungen über den Menschenhandel. Diesen Zahlen zufolge wurden allein im Jahr 2004 weltweit zwischen 600 000 und 800 000 Frauen, Kinder und Männer durch Menschenhandel verschleppt. An den veröffentlichten Statistiken fällt besonders auf, dass es Menschenhandel in allen Teilen der Welt gibt und dass er innerhalb der einzelnen Regionen häufiger auftritt als zwischen ihnen. Man schätzt, dass etwa zwei Drittel der Opfer innerhalb Asiens (260 000 bis 280 000) und Europas (170 000 bis 210 000) verschleppt werden.

Forschungsarbeiten am Migrationsforschungszentrum des University College London, an denen ich in letzter Zeit beteiligt war, haben versucht, die globalen Kosten für den Migrantenschmuggel zu schätzen. Dabei wurden über 600 Quellen ausgewertet, in denen die den Migranten berechneten Kosten angegeben wurden. Natürlich handelte es sich hierbei um ein Projekt, das mit zahllosen Problemen konfrontiert war. Die Ergebnisse sind zwar nur Schätzungen, allerdings trotzdem recht interessant (siehe Tabelle 4).

Route	Durchschnittskosten (in US-Dollar)
Asien – Nord- und Südamerika	26041
Europa – Asien	16462
Asien – Asien	12240
Asien – Europa	9374
Europa – Australien und Asien	7400
Afrika – Europa	6533
Europa – Nord- und Südamerika	6389
Nord- und Südamerika – Europa	4528
Nord- und Südamerika – Nord- und Südamerika	2984
Europa – Europa	2708
Afrika – Nord- und Südamerika	2200
Afrika – Australien und Asien	1958
Afrika – Afrika	203

Tabelle 4: Kosten des Migrantenschmuggels

Für die vorliegende Erörterung sollten bezüglich der Daten in obenstehender Tabelle vor allem drei Punkte berücksichtigt werden. Zum einen ist hervorzuheben, welch hohe Geldbeträge Menschenschmuggler und -händler verlangen. Die durchschnittlichen Kosten einer Reise von Asien nach Nord- oder Südamerika belaufen sich auf über 26 000 US-Dollar. Dies hat zur Folge, dass es immer häufiger nur noch die relativ Wohlhabenden sind, die Schmuggler bezahlen und auf diesem Wege auswandern können. In einem Land wie beispielsweise Pakistan, von wo aus Berichten zufolge ein Großteil der Migration zwischen Asien und Nord- oder Südamerika stattfindet, sind 26 000 US-Dollar eine äußerst hohe Geldsumme.

Zweitens lässt sich ablesen, wie breit die Kosten gestreut sind. Am unteren Ende der Skala betragen sie für den Schmuggel über eine innerafrikanische Grenze lediglich 203 US-Dollar, obwohl selbst dies angesichts der in Kapitel 3 geschilderten Einkommensverhältnisse dort eine große Geldsumme darstellt. Es wird berichtet, dass in mehreren Fällen die Bezahlung für den Menschenschmuggel zwischen afrikanischen Ländern nicht in Bargeld, sondern zum Beispiel in Reissäcken oder anderen Waren erfolgte. Und schließlich belegt die obenstehende Tabelle auch den Sachverhalt, dass es sich beim Menschenschmuggel um ein globales Phänomen handelt und dass er nicht nur von Süden nach Norden erfolgt.

Die der Tabelle zugrunde liegenden Forschungen haben dadurch, dass sie Berichte zu den die Kosten des Migrantenschmuggels über einen Zeitraum von mehreren Jahren verfolgten, auch festzustellen versucht, ob diese Kosten gestiegen oder gesunken sind. Obwohl es Unterschiede zwischen den Hauptrouten gibt, ist der Gesamteindruck, dass die Kosten langsam sinken. Als Grund hierfür kann man vermuten, dass es unter den Schmugglern eine wachsende Konkurrenz gibt und sie daher einander ständig unterbieten sowie ihre Methoden darauf ausrichten, mehr Kunden anzulocken.

Schließlich bestand ein Teilaspekt der Untersuchung zu den Kosten des Migrantenschmuggels darin, eine Antwort auf die Frage zu finden, welche Faktoren diese Kosten bestimmen. Drei Hauptfaktoren ließen sich dabei erkennen.

Der eine war die Entfernung, die während des Schmuggels zurückgelegt wird. Näherungsweise lässt sich feststellen, dass längere Reisen teurer sind. Der zweite betraf die Art des Transports: Ein Flug ist teurer als eine Schiffsreise, die wiederum teurer ist als eine Reise über Land. Als dritter Hauptfaktor erwies sich die Zahl der gleichzeitig reisenden Personen. Je mehr Menschen zum gleichen Zeitpunkt reisen, um so weniger scheint der Einzelne bezahlen zu müssen.

Schon allein der Begriff Menschenhandel impliziert die negativen Konsequenzen für die davon betroffenen Personen. Menschenhändler beuten Migranten skrupellos aus. Opfer von Menschenhandel können nicht frei über ihr Tun entscheiden. Häufig werden sie zu unterbezahlter, gefährlicher und erniedrigender Arbeit gezwungen, der sie möglicherweise überhaupt nicht entkommen können und für die sie nur eine geringe oder gar keine Entschädigung erhalten. Obwohl in letzter Zeit der Menschenhandel mit Frauen im Mittelpunkt gestanden hat, ist es wichtig, darauf hinzuweisen, dass dieses Phänomen auch Männer und Kinder betrifft. Von den Eltern getrennte Migrantenkinder mit einem irregulären Status sind besonders gefährdet, durch Menschenhändler gezwungen zu werden, in der Sex-Industrie arbeiten zu müssen.

Die negativen Konsequenzen des Migrantenschmuggels für die davon Betroffenen dürfen nicht übersehen werden. Wie bereits verdeutlicht können Schmuggler dafür, dass sie Migranten von einem Ort zu einem anderen bringen, viele tausend Dollar verlangen. Nicht immer geben die Schmuggler im voraus zu erkennen, wohin sie die Migranten bringen. Oft sind die von Migrantenschmugglern verwendeten

Migrantenschmuggel als Geschäft

Zusätzlich zu den im Text geschilderten Forschungen habe ich im Jahr 2004 eine Zeitlang in Afghanistan und Pakistan Interviews mit Migrantenschmugglern durchgeführt. Sie berichteten, dass sich im Laufe der Zeit nicht nur der von ihnen berechnete Betrag, sondern auch die Art und Weise geändert habe, in der sie ihre Bezahlung erhielten. Vor etwa zehn Jahren bestanden Migrantenschmuggler angeblich darauf, dass sie im voraus bezahlt würden. Dabei gingen die Migranten das Risiko ein, dass die Schmuggler das Geld einstecken und verschwinden konnten, bevor sie die Migranten auf den Weg gebracht hatten. Als Reaktion auf diese Ängste änderten einige Schmuggler ihre Vorgehensweise. Sie forderten lediglich eine Anzahlung; der restliche Betrag wurde nach der Ankunft im Zielland fällig. Das Problem, das sich hieraus ergab, bestand – wie im Text bereits angedeutet – darin, dass manche Migranten von Schmugglern, denen sie nach der Ankunft Geld schuldeten, ausgebeutet wurden. In den letzten zwei oder drei Jahren haben Schmuggler erneut auf die Bedenken und Forderungen ihrer Kunden reagiert. Jetzt erfolgt die volle Bezahlung zwar im voraus, sie wird jedoch bei einer dritten Partei deponiert, statt direkt an den Schmuggler gezahlt zu werden. Er erhält das Geld erst, nachdem der Migrant ihn angerufen hat, um zu bestätigen, dass er sicher am Zielort eingetroffen ist. Im Prinzip handelt es sich hierbei um eine Geldrückgabegarantie im Geschäft mit der Migration.

Transportmittel unsicher, und Migranten, die eine solche Reise auf sich nehmen, fühlen sich manchmal im Stich gelassen und erreichen möglicherweise gar nicht das Ziel der von ihnen bezahlten Reise. Viele Migranten, die die

Die Erlebnisse eines gewissen Suleiman (aufgezeichnet 2003 in einem Interview in Kabul)

Als ich zum ersten Mal ins Ausland geschmuggelt wurde, war geplant, nach Dushanbe zu fliegen und dann über Land weiter nach Moskau zu reisen. Zunächst gab es keine Probleme: Unbemerkt stieg ich mit einem gefälschten Reisepass in Karachi in ein Flugzeug. Der Agent, der mich zum Flughafen begleitete, sagte mir, dass ich am Flughafen in Dushanbe einen weiteren Agenten namens Nafi treffen würde. Als ich in Dushanbe ankam, wurde ich jedoch, nachdem ich das Flugzeug verlassen hatte, sofort festgenommen und zusammen mit anderen illegalen afghanischen Migranten für vier Wochen inhaftiert. Wir wurden verhört, regelmäßig geschlagen, und man drohte uns mit Folter. Nach einem Monat wurde ich, ohne ersichtlichen Grund, des Nachts aus meiner Zelle geholt, und zurück zum Flughafen nach Dushanbe gefahren. Nafi wartete auf mich. Er erklärte mir, dass sich außer mir in dem Flugzeug aus Karachi noch fünfzig weitere illegale Migranten befunden hätten, deren Reise von mehreren anderen Agenten in Pakistan organisiert worden war. Einer der Agenten habe es versäumt, Immigrationsbeamte auf dem Flughafen von Dushanbe zu bestechen, so dass die Personen, die man für die »Kunden« dieses Agenten hielt, inhaftiert wurden. Ich sei aufgrund einer Verwechslung mit einer anderen Person festgenommen worden.

Dienste von Schmugglern in Anspruch genommen haben, sind auf hoher See ertrunken, in Containern erstickt oder wurden während der Reise vergewaltigt und misshandelt.

6 Flüchtlinge und Asylsuchende

Ein Asylsuchender ist eine Person, die einen Antrag auf internationalen Schutz gestellt hat. Die meisten Migranten stellen einen solchen Antrag, sobald sie das Land erreicht haben, in dem sie Schutz suchen, obwohl es auch möglich ist, einen Asylantrag von außerhalb des Landes zu stellen, in dem man Schutz sucht, z. B. in einer Botschaft oder in einem Konsulat. Über die Anträge von Asylsuchenden wird nach den Kriterien der im folgenden ausführlich erläuterten UN-Konvention von 1951 zum Status von Flüchtlingen entschieden. Erfolgreiche Bewerber erhalten den Status eines Flüchtlings, erfolglose können normalerweise Einspruch gegen den Bescheid einlegen. Bleibt der Einspruch ohne Erfolg, wird von den Bewerbern erwartet, dass sie das Land verlassen. In Europa und Nordamerika gibt es jedoch weitere rechtliche Situationen, die meist unter dem Oberbegriff »Duldung« zusammengefasst werden. Personen, die zwar keine Flüchtlinge sind, aber dennoch nicht in ihre Heimat zurückkehren können, werden geduldet.

Die internationale Flüchtlingsordnung

Die internationale Flüchtlingsordnung umfasst eine Reihe von Gesetzen, die festlegen, wer ein Flüchtling ist und welche Rechte und Pflichten die betreffende Person hat. Außerdem gehört eine Reihe von Normen dazu, die zwar für die einzelnen Staaten nicht rechtlich bindend sind, aber von ihnen laut Übereinkunft respektiert werden. Verschiedene Institutionen sind für die Einhaltung und Überwachung der Flüchtlingsordnung verantwortlich.

Die wichtigste rechtliche Konvention, die den Status von Flüchtlingen festlegt, ist die UN-Konvention über den Status von Flüchtlingen aus dem Jahr 1951. Sie definiert einen Flüchtling als eine Person, die »sich aus wohlbegründeter Angst vor Verfolgung aufgrund ihrer Rasse, Religion, Nationalität, ihrer Mitgliedschaft in einer bestimmten sozialen Gruppe oder ihrer politischen Meinung außerhalb des Landes ihrer Nationalität befindet«. Obwohl man sich in Afrika und Südamerika auf eine Reihe von Abänderungen dieser Grunddefinition geeinigt hat, ist sie im Kern immer noch die Begriffsbestimmung, die weltweit Anwendung findet.

Einige Aspekte dieser Definition sind zum Gegenstand kontroverser Diskussionen geworden. Zunächst ist erwähnenswert, wie alt die Konvention ist: Sie wurde bereits vor sechzig Jahren verfasst. Viele ihrer Kritiker heben hervor, dass sie, obwohl sie damals durchaus angemessen gewesen sein mag, die Lebenswirklichkeit von Flüchtlingen in der heutigen Welt nicht berücksichtigt. So hebt die Konvention beispielsweise die Verfolgung durch den Staat hervor. Der Grund hierfür ist, dass sie hauptsächlich zum Schutz von Personen verfasst wurde, die vom Nazi-Regime verfolgt wurden. Während des Kalten Krieges wurde die Definition auf Personen angewendet, die vor dem Kommunismus geflohen waren, und erfüllte somit ebenfalls einen politischen Zweck. In der Gegenwart jedoch fliehen Menschen, wie wir im folgenden noch sehen werden, häufig vor einer durch Konflikte verursachten, allgemein unsicheren Situation und weniger vor konkreter politischer Verfolgung.

Außerdem bleiben von der Konvention solche Personen ausgeschlossen, die aufgrund ihres Geschlechts oder ihrer sexuellen Orientierung verfolgt worden sind. Wir brauchen uns nur die Erfahrungen von Frauen und Homosexuellen unter dem Regime der Taliban in Afghanistan zu vergegenwärtigen, um die Bedeutsamkeit dieses Aspekts für die Gegenwart zu erkennen. Ferner schließt die Konvention Personen aus, die sich aus im weitesten Sinne umweltbedingten Gründen auf der Flucht befinden, z. B. infolge eines Tsunamis oder Erdbebens. Dennoch gibt es plausible Gründe dafür, die Flucht vor solchen Gefahren als Symptom für ein politisches Versagen aufzufassen, z. B. für die Unfähigkeit, eine Gefahr vorherzusagen, Schutz vor ihren Auswirkungen zu gewähren bzw. diese zu verringern oder eine angemessene Unterbringung und Grundversorgung im Anschluss an eine Katastrophe zu bieten. Dann würde die Definition, wer ein Flüchtling ist, auch diese Menschen mit einbeziehen.

Drittens lässt sich einwenden, dass die Definition nur auf Personen außerhalb des Landes ihrer Nationalität zutrifft. Es gibt jedoch sehr viel mehr Menschen, die zwar aus ihrem Heimatort geflohen sind, aber keine Möglichkeit haben, ihr Land zu verlassen. Sie werden normalerweise als »intern Vertriebene« oder »Binnenflüchtlinge« bezeichnet. Mit gutem Grund lässt sich behaupten, dass intern vertriebene Menschen (die manchmal auch »Binnenflüchtlinge« genannt werden) noch gefährdeter sind als Flüchtlinge in fremden Ländern. Es ist ihnen weder gelungen, eine Möglichkeit zu finden, ihr Land zu verlassen und so einer Verfolgung zu entkommen, noch genießen sie den Schutz einer internationalen Rechtsordnung, wie er anderen Flüchtlingen gewährt wird. Wie wir im letzten Kapitel sehen werden, ist die internationale Gemeinschaft in den letzten Jahren stärker als bisher auf solche Binnenflüchtlinge aufmerksam geworden.

Trotz dieser Vorbehalte sind andere Kommentatoren der Auffassung, dass die Konvention von 1951 beibehalten werden sollte. Erstens erfasst sie nach wie vor die Mehrheit der sich außerhalb ihrer Länder befindenden, schutzbedürftigen Menschen; nur relativ wenige werden von der Konvention nicht erfasst. Zweitens erweitert das Hochkommissariat der Vereinten Nationen für Flüchtlinge (UNHCR), das für die Durchsetzung der Konvention verantwortlich ist, die Definition, wer ein Flüchtling ist, in konkreten Einzelfällen, wann immer dies möglich ist. Daher gilt die Definition auch für eigentlich ausgeschlossene Personen, die aber eindeutig schutzbedürftig sind, einschließlich intern Vertriebene und Menschen, die vor Naturkatastrophen geflohen sind. Drittens haben weltweit 145 Staaten die Konvention unterzeichnet, und die meisten Beobachter sind sich darin einig, dass es höchst unwahrscheinlich ist, dass ebenso viele Länder eine überarbeitete oder neue Version der Konvention unterschreiben würden.

Wie die einzelnen Staaten mit Flüchtlingen umgehen, wird außerdem durch eine Reihe rechtlicher Normen geregelt. Diese leiten sich entweder von der Konvention von 1951 oder von anderen Rechtsmitteln ab (wie zum Beispiel von der Allgemeinen Erklärung der Menschenrechte aus dem Jahr 1948), oder sie beruhen auf Gewohnheitsrechten und Vereinbarungen, die zwar nicht rechtlich bindend sind, aber dennoch weithin Anwendung finden. Die wichtigsten dieser Normen sind: das Recht, die Heimat zu verlassen und das Territorium anderer Staaten zu betreten, das Recht auf unbürokratische Gewährung von Asyl und auf »Nichtzurückweisung«, d.h. dass Flüchtlinge nicht gegen ihren Willen zur Rückkehr in ihr Ursprungsland gezwungen werden sollen. Des weiteren sollen ihnen wirtschaftliche und soziale Rechte in vollem Umfang gewährt werden, und die einzelnen Staaten sollen dazu verpflichtet sein, nach dauerhaften Lösungen für die Flüchtlinge zu suchen. Flüchtlinge haben jedoch ebenso Pflichten, vor allem die Pflicht, die Gesetze des Landes zu befolgen, das ihnen Asyl gewährt.

Die Aufrechterhaltung, Durchsetzung und Überwachung der Konvention von 1951 ist Sache des UNHCR. Gil Loeschers fesselnder Bericht *The UNHCR and World Politics* bietet eine Übersicht über die Entwicklung des UNHCR und die internationale Flüchtlingsordnung. Loescher schildert darin, dass Gerrit Jan von Heuven Goedhart, als er im Jahr 1951 zum ersten Hochkommissar der Vereinten Nationen für Flüchtlinge ernannt wurde, »drei leere Räume und eine Schreibkraft vorfand«, ein eingeschränktes Mandat erhielt, das, wie es hieß, nur für drei Jahre gelten würde, und dass er über so gut wie keine finanziellen Mittel verfügte. Im Gegensatz dazu stand Antonio Guterres, der im Jahr 2005 zum zehnten Hochkommissar ernannt wurde, einer Agentur mit einem Jahreshaushalt von etwa einer Milliarde US-Dollar und 6000 Mitarbeitern vor, und er verfügte über ein Mandat, das die Behauptung rechtfertigte, das UNHCR sei die führende humanitäre Organisation der Welt.

Gegenwärtig leidet das UNHCR an einer finanziellen Dauerkrise. Die Zentrale erhält im Gegensatz zu anderen Körperschaften der UN nur minimale Zuwendungen aus dem Zentralhaushalt der UN. Es wird erwartet, dass sie sich ihre Haushaltsgelder selbst beschafft. Bislang war sie hauptsächlich von einigen wenigen Spendern abhängig, am stärksten von den USA, der EU, Schweden, Japan, den Niederlanden und Großbritannien. Die Finanzkrise des UNHCR wird noch dadurch verstärkt, dass die Zentrale ihre Aktivitäten über den engeren Kreis der Flüchtlinge hinaus erweitert hat, insbesondere um weitere Bevölkerungsgruppen mit abzudecken, deren Situation Anlass zur Sorge gibt.

Die Internationale Organisation für Migration (IOM), die nicht zur UN gehört, ist ebenfalls eine wichtige Institution der internationalen Flüchtlingsordnung. Sie ist in der Hauptsache für logistische Fragen zuständig, insbesondere für den Transport von Flüchtlingen. Die Bemühungen des UNHCR und der IOM werden durch eine Reihe von Nichtregierungsorganisationen unterstützt, die häufig die direkte Verantwortung für Teilaspekte der Verwaltung von Flüchtlingslagern übernehmen, z. B. für die Lebensmittelverteilung, die Gesundheitsvorsorge und die schulische Ausbildung.

Die geographische Verteilung der Flüchtlingsbewegungen

Seit die internationale Flüchtlingsordnung in Kraft getreten ist, hat sich die geographische Verteilung der Flüchtlingsbewegungen weltweit stark verändert. Wie bereits angedeutet bestand die anfängliche Herausforderung darin, die Probleme derjenigen Menschen zu lösen, die vor der Verfolgung durch das nationalsozialistische Regime aus Deutschland und dem besetzten Europa geflohen waren. Viele von ihnen fanden schließlich in den USA eine neue

Heimat. Das UNHCR und die Konvention von 1951 sollten ihre Funktion ursprünglich nur für einen begrenzten Zeitraum erfüllen und so lange bestehen, bis diese anfänglichen Aufgaben erfolgreich gelöst sein würden. Doch aufgrund der weltgeschichtlichen Ereignisse sollte es anders kommen. Zu Beginn der 1960er Jahre waren in Afrika neue Flüchtlingsgruppen entstanden, zum größten Teil als Folge von Entkolonialisierungsprozessen. Wie wir im folgenden sehen werden, haben sich viele dieser Flüchtlinge dauerhaft in afrikanischen Nachbarländern niedergelassen. In den 1970er Jahren verschob sich der geographische Schwerpunkt der Versorgung von Flüchtlingen erneut, und zwar nach Süd- und Südostasien, weil 1971 der Staat Bangladesch entstanden war und in Vietnam und an anderen Stellen Indochinas Krieg herrschte. Flüchtlinge aus dieser Region siedelten sich schließlich in Europa an. In den 1980er Jahren wurde für kurze Zeit Zentralamerika zum hauptsächlichen geographischen Brennpunkt der Arbeit des UNHCR.

Ein auffälliges Merkmal der 1990er Jahre besteht darin, dass sowohl in den entwickelten als auch in den unterentwickelten Teilen der Erde zur gleichen Zeit neue Wanderungsbewegungen entstanden. Es bildeten sich größere Flüchtlingsströme in Bosnien, im Kosovo, in der früheren Sowjetunion, am Horn von Afrika, in Ruanda, im Irak, in Afghanistan sowie in Osttimor. Gleichzeitig kehrten Flüchtlinge in großer Zahl nach Mosambik und Namibia zurück, gegen Ende der 1990er Jahre auch nach Afghanistan und Bosnien. Darüber hinaus verließ erstmals eine größere Zahl von Flüchtlingen die Heimatregion, um in den entwickelten Ländern Asyl zu suchen. Was am Ende des Zweiten Weltkrieges als hauptsächlich europäisches

Problem begonnen hatte, wurde nun zu einem wahrhaft globalen Phänomen von immenser Komplexität.

Den Zahlen des UNHCR zufolge gab es gegen Ende des Jahres 2009 weltweit 15,2 Millionen Flüchtlinge, darunter 4,8 Millionen Palästinenser. Die Gesamtzahl an Flüchtlingen hat in den letzten Jahren erheblich zugenommen, und zwar vor allem dadurch, dass viele Iraker ihre Heimat verlassen haben und viele Afghanen im Exil geblieben sind. Für das Jahr 2009 zählte das UNHCR etwa eine Million Asylsuchende und über 27 Millionen intern Vertriebene.

Pakistan beherbergte 2009 die größte Gruppe von Flüchtlingen (1,7 Millionen), gefolgt vom Iran (1,1 Millionen) und von Syrien (1 Million). Afghanische und irakische Flüchtlinge machten weltweit fast die Hälfte sämtlicher Flüchtlinge im Verantwortungsbereich des UNHCR aus: Jeder vierte Flüchtling auf der Welt stammte 2009 aus Afghanistan. Etwa 250 000 Flüchtlinge kehrten im selben Jahr in die Heimat zurück; Südafrika verzeichnete ein Viertel sämtlicher Asylanträge (220 000).

Einige Aspekte der gegenwärtigen globalen Verteilung der Flüchtlinge sind es wert, gesonderte Erwähnung zu finden. Während die weltweit größte Flüchtlingsgruppe aus Afghanen im Iran und in Pakistan besteht, ist der vom Flüchtlingsproblem am meisten betroffene Kontinent sicherlich Afrika. Dort haben Flüchtlinge mehr Länder verlassen und sich in mehr anderen Ländern angesiedelt als irgendwo sonst auf der Welt. Es trifft zwar zu, dass mehr Flüchtlinge als jemals zuvor längere Entfernungen zurücklegen – viele der Asylsuchenden in Frankreich und Großbritannien stammen aus Ländern südlich der Sahara –, doch die Mehrheit reist nur kürzere Strecken in die Nachbarländer. Abschließend sei noch darauf hingewiesen, dass die Hauptlast des Flüchtlingsproblems – auch wenn die Tatsache, dass es heute weniger Flüchtlinge gibt als noch im vorigen Vierteljahrhundert, zu berechtigtem Optimismus Anlass gibt – von den ärmsten Teilen der Welt getragen wird.

Ursachen für die Flüchtlingsbewegungen

Die Definition der Flüchtlingskonvention von 1951 hebt bei der Erklärung dafür, warum Flüchtlinge ihre Heimat verlassen, besonders den Begriff der Verfolgung hervor. Gewiss gibt es noch immer Regime auf der Welt, die Teile der Bevölkerung ihrer Länder aktiv verfolgen. Nordkorea gilt nahezu unbestritten als Beispiel dafür. Allerdings hat es den Anschein, dass Flüchtlinge heute eher Konflikten als der direkten Verfolgung durch die jeweiligen Staaten zu entkommen suchen. In den Worten von Aristide Zolberg, einem der führenden Theoretiker auf dem Gebiet der Flüchtlingsbewegungen, »fliehen sie vor Gewalt«, nicht notwendigerweise vor Verfolgung. Sie werden jedoch trotzdem als Flüchtlinge definiert, weil ihre Staaten, auch wenn sie sie nicht aktiv verfolgen, nicht in der Lage sind, sie zu schützen und ihnen diejenigen Rechte zu gewähren, auf die sämtliche Bürger aller Staaten Anspruch haben.

Im Rahmen dieser kurzen Einführung ist es nicht möglich, die umfangreiche Literatur zu modernen Kriegen darzustellen. Die Merkmale, durch die sich der einflussreichen Wissenschaftlerin Mary Kaldor zufolge »neue Kriege« von früheren Konflikten unterscheiden, sind aber dennoch erwähnenswert, da sie die Flüchtlingsbewegungen in einem anderen Licht erscheinen lassen. Entgegen den unmittelba-

Abb. 8: Flüchtlinge aus Ruanda

ren Vorstellungen, die die meisten Menschen mit Kriegen verbinden, ist erstens darauf hinzuweisen, dass fast alle gegenwärtigen Konflikte innerhalb von bestimmten Staaten, und zwar zwischen Menschen mit ethnischen oder religiösen Unterschieden, nicht etwa zwischen verschiedenen Staaten ausgetragen werden. Der Konflikt zwischen Eritrea und Äthiopien von 1998 bis 2000 war eine ungewöhnliche Ausnahme. Tatsächlich schätzte man im Jahr 2000, dass 25 der weltweit 28 bewaffneten Konflikte intern ausgetragen wurden, obwohl die von den US-Streitkräften angeführten militärischen Interventionen in Afghanistan und im Irak dieses Bild zwischenzeitlich geändert haben.

Zweitens wurde die Kriegsführung »entstaatlicht« oder »privatisiert«, was bedeutet, dass sie zunehmend nicht mehr von Berufsarmeen, sondern von Milizen und Söldnergruppen übernommen wird. Drittens werden in gegenwärtigen Kriegen hauptsächlich Zivilisten getötet, während es sich früher bei den Opfern meistens um aktive Kriegsteilnehmer handelte. Man schätzt, dass in modernen Kriegen bis zu 90 Prozent der Opfer Zivilisten sind, während es im Ersten Weltkrieg im Vergleich dazu 25 Prozent waren. Viertens, und dies gilt besonders in Afrika, zeigen moderne Kriege die Tendenz, von langer Dauer zu sein oder immer wieder aufzuflammen. Ein Grund hierfür ist, dass sie häufig aus ethnischen Unterschieden resultieren, die über jede Friedenslösung hinaus fortbestehen und erneut Konfliktstoff bieten können. Ein weiterer Grund ist, dass es häufig nicht gelingt, Kampfverbände aufzulösen und zu entwaffnen. Steht Hunderttausenden arbeitsloser, gelangweilter und aggressiver junger Männer eine Fülle von Waffen zur Verfügung, kann dies zu einer explosiven Situation eskalieren.

Ein letztes Merkmal der neuen Kriege ist, dass die Zahl der dadurch entstehenden Flüchtlinge zugenommen hat. Hierfür sind drei Gründe anzuführen. Zum einen ist die Verdrängung und Vertreibung von Bevölkerungsgruppen selbst zu einem strategischen Kriegsziel geworden. Es gibt Zeiten, in denen die Kriegsparteien sogar kooperieren, um die Umsiedlung bestimmter Bevölkerungsgruppen zu erreichen. Ein Beispiel hierfür ist die »ethnische Säuberung«, zu der es in den 1990er Jahren auf dem Balkan kam. Ein weiterer Grund ist, dass mit modernen Waffen mehr Menschen in kürzerer Zeit terrorisiert (oder getötet) werden können. Und schließlich lässt der weitverbreitete Einsatz von Landminen den Menschen oft keine andere Wahl, als ihr Land während einer kriegerischen Auseinandersetzung zu verlassen.

Konsequenzen von Flüchtlingsbewegungen

Eine fast unüberschaubare Forschungsliteratur und eine Flut von Agenturberichten beschäftigen sich mit den Konsequenzen von Flüchtlingsbewegungen. Die Themen reichen von den psychischen Folgen für die Flüchtlinge, den Auswirkungen von Flüchtlingslagern auf die Umwelt bis hin zur Verbreitung von HIV/AIDS in den verschiedenen Flüchtlingsgruppen. Die beste Informationsquelle für aktuelle Daten, Forschungen und Richtlinien bezüglich des gesamten Problembereichs ist die Webseite des UNHCR (www.unhcr.org). An dieser Stelle soll nicht der Versuch unternommen werden, das Wesentliche der mannigfaltigen Aspekte zu erfassen. Stattdessen konzentriert sich das Folgende auf drei übergreifende Themenbereiche: die Ansiedlungsmuster und -verläufe, geschlechterspezifische Themen sowie Themen, die sich aus dem Zusammenhang mit Hilfsprogrammen ergeben.

Flüchtlingslager sind wiederholt Gegenstand ausführlicher Medienberichte gewesen. Das Thema hat zudem die Tendenz, die Meinungen zu spalten. Während die meisten Organisationen sowie einige Fachleute Lager zum Schutz der Flüchtlinge für unerlässlich halten und als den besten Weg ansehen, ihnen Unterstützung zu gewährleisten und eine schulische Ausbildung zu ermöglichen, weisen andere darauf hin, dass es in Lagern häufig zu Gewaltanwendung und sexuellem Missbrauch kommt. Außerdem wird der Einwand vorgebracht, dass die Lager möglicherweise Abhängigkeit und Unselbständigkeit bei den Flüchtlingen bewirken und dass sie rasch zu negativen Folgen für die Umwelt vor Ort führen, z. B. durch die Verringerung oder Verschmutzung des Grundwassers und durch das Abholzen von Wäldern. Leben Flüchtlinge über einen längeren Zeitraum in Lagern, kann dies außerdem tiefgreifende psychische Folgen für sie haben. In manchen Fällen verbringen Flüchtlinge viele Jahre in Lagern.

Doch nicht alle Flüchtlinge lassen sich in Lagern nieder. Zum Teil dürfte dies an einigen der Probleme liegen, die sich in Lagern ergeben können. Ein Großteil der Flüchtlinge siedelt sich eigenständig in der lokalen Bevölkerung an, normalerweise in Dörfern in der Nähe der Grenze. Dies kommt besonders oft vor, wenn sich Flüchtlinge, obwohl sie eine nationalstaatliche Grenze überquert haben, innerhalb derselben ethnischen Gruppe wiederfinden, wie es in Afrika häufig der Fall ist. Noch schwieriger ist es, in Städten lebende Flüchtlinge ausfindig zu machen und ihre Situation zu analysieren. Man schätzt, dass sowohl in Khartoum im Sudan als auch in Kairo in Ägypten Hunderttausende von Flüchtlingen leben.

Es scheint, dass Flüchtlinge Siedlungsstrategien verfolgen, die alle drei genannten Möglichkeiten kombinieren, d. h. das Leben in Lagern, die eigenständige Ansiedlung sowie das Leben in Städten. In manchen Fällen teilen sich Flüchtlingsfamilien auf, wobei junge Männer zur Arbeit in die Stadt gehen, während Frauen und Kinder im Camp bleiben, wo sie Unterstützung erhalten. Es kommt auch vor, dass ganze Familien zwischen verschiedenen Standorten

Länger andauernde Flüchtlingssituationen

Flüchtlingssituationen, die für einen längeren Zeitraum bestehen bleiben, stellen eine immer größere Herausforderung für das UNHCR dar. Die Institution definiert diese Situationen als solche, in denen sich »Flüchtlinge in einem über lange Zeit andauernden Zustand der Ausweglosigkeit befinden. Ihr Leben mag zwar nicht in Gefahr sein, ihre Grundrechte und fundamentalen ökonomischen, sozialen und emotionalen Bedürfnisse bleiben jedoch auch nach Jahren im Exil unerfüllt. Ein Flüchtling in dieser Situation ist häufig nicht in der Lage, aus der erzwungenen Abhängigkeit von äußerer Hilfe auszubrechen.« Im Jahr 2009 befanden sich etwa 5,5 Millionen Flüchtlinge in einer der weltweit 25 verschiedenen Situationen, in denen eine Form länger andauernder Abhängigkeit besteht, und zwar in 21 verschiedenen Ländern.

wechseln, um mehr Einkommen zu erzielen und sich in größtmöglicher Sicherheit zu befinden.

Flüchtlingsgruppen bestehen in der Regel aus mehr Frauen als Männern. Ein Grund hierfür ist, dass Männer in militärischen Konflikten mit größerer Wahrscheinlichkeit ums Leben kommen oder in eine Armee eingezogen werden. Außerdem riskieren sie es häufig, in ihrer Heimat zu bleiben, um Haus und Hof zu verteidigen oder um weiterzuarbeiten. Dennoch sind Flüchtlingsfrauen erst seit relativ kurzer Zeit zum Gegenstand ernsthaften akademischen Interesses geworden. Noch bis vor kurzem zeigte die Literatur zu diesem Thema die Tendenz, sich fast ausschließlich mit den Herausforderungen zu befassen, vor denen Flüchtlingsfrauen stehen. Sie können Opfer von Gewalt und sexuellem Missbrauch durch frustrierte Ehemänner oder andere Männer werden, mit den entsprechenden Risiken für ihre Gesundheit. Die Verantwortung für Betreuung und Pflege liegt zum größten Teil bei ihnen selbst, besonders in Haushalten, denen eine Frau vorsteht. Außerdem sind sie für die Zubereitung der Mahlzeiten verantwortlich. Dies bedeutet, dass Frauen zum Sammeln von Feuerholz häufig zunehmend größere Entfernungen zurücklegen müssen.

Susan Forbes Martins Buch *Refugee Women* brach mit der üblichen Vorgehensweise, indem sie ihre Aufmerksamkeit ausschließlich Flüchtlingsfrauen widmete. Sie hob hervor, dass Frauen in Flüchtlingssiedlungen häufig erfinderischer sind als Männer und dass sie die größere Initiative zeigen. Die Veröffentlichung soll den Umgang insbesondere des UNHCR mit den Problemen, die die Flüchtlingsfrauen betreffen, geändert haben. Wenn möglich, zieht man heute die Praxis vor, Nahrungsmittel und andere Güter direkt an die Frauen zu verteilen. Häufig werden sie auch in Flüchtlingsgemeinschaften zur gegenseitigen Ausbildung geschult. So ist es dazu gekommen, dass die Migration mittlerweile oft als ein Prozess beschrieben wird, durch den die Frauen (auch Flüchtlingsfrauen) an Einfluss gewinnen. Eine Sorge besteht allerdings darin, dass sie diesen Einfluss wieder verlieren könnten, sobald sie in traditionelle patriarchalische Gesellschaften zurückkehren.

Im Zusammenhang mit der Hilfe für Flüchtlinge werden immer wieder drei Fragen diskutiert: ob, wann und wie Flüchtlingen Unterstützung zuteil werden soll. Die wichtigste Veröffentlichung zu diesen Fragen ist zweifellos Barbara Harrell-Bonds *Imposing Aid*, ein grundlegendes Werk auf dem Gebiet wissenschaftlicher Studien zur Flüchtlingsproblematik. Viele Kommentatoren sind der Meinung, dass die Verfasserin ihren Standpunkt übertrieben dargestellt hat, denn sie greift die Art und Weise, wie Hilfsmaßnahmen in Flüchtlingslagern verwaltet werden, zwar überzeugend, aber auch in scharfen Worten an. So könnte es beispielsweise Fälle geben, in denen eigentlich keine Unterstützung mehr erforderlich ist und fortgesetzte Hilfsmaßnahmen daher Abhängigkeit schaffen. Es hat tatsächlich Fälle gegeben, in denen unangemessene Hilfe geleistet wurde, z. B. indem man Nahrungsmittel ausgab, die für die Mehrzahl der in einem Lager lebenden Menschen eine Beleidigung darstellten. Männliche Flüchtlinge sind nicht unbedingt die besten Hilfeempfänger. Es ist bekannt, dass sie Hilfsgüter verkauft und ihrer Familie auf diese Weise Nahrungsmittel vorenthalten haben, um andere Aktivitäten damit zu finanzieren.

Dauerhafte Lösungen

Es gibt drei sogenannte »dauerhafte Lösungen« für Flüchtlinge. Jede von ihnen weist ihre eigenen Probleme auf.

Die Lösung, die in der Regel als die beste gilt, besteht in der freiwilligen Rückkehr in die Heimat. Wichtig ist in diesem Zusammenhang, dass man die »Freiwilligkeit« betont. Obwohl, wie wir bereits gesehen haben, die Nichtzurückweisung ein zentraler Grundsatz des Flüchtlingsschutzes ist, gab es Fälle, in denen Flüchtlinge gegen ihren Willen und bevor eine sichere Rückkehr möglich war, in ihre Herkunftsländer zurückgeschickt wurden. Eine weitere, die Rückkehr betreffende Schwierigkeit ist das Problem, den

Abb. 9: Flüchtlingskinder aus Mosambik stehen für Nahrungsmittel an

Begriff »Heimat« zu definieren. Soll es beispielsweise erlaubt sein, Flüchtlinge auch dann an einen sicheren Ort in ihrem Ursprungsland zurückzubringen, wenn in ihrer Heimatregion insgesamt noch keine sicheren Verhältnisse wiederhergestellt werden konnten? Das UNHCR beantwortet diese Frage mit »Nein«, immer mehr Staaten jedoch mit »Ja«.

Nach	**Von**	**Anzahl**
Afghanistan	Pakistan	57 600
Burundi	Tansania	324 000
Demokratische Republik Kongo	Tansania	44 300
Irak	Jordanien	38 000

Tabelle 5: Rückführungen größerer Flüchtlingszahlen in ihre Heimatländer im Jahr 2009 Quelle: UNHCR, *2009 Global Trends*, Genf: UNHCR, 2010.

Ein wichtiger, aber unbekannter Aspekt der Rückführung von Flüchtlingen in ihre Heimatländer betrifft die Frage, was mit ihnen geschieht, nachdem sie zurückgekehrt sind. Gemäß den in der Konvention von 1951 getroffenen Festlegungen haben Flüchtlinge, sobald sie die Grenze zu ihrem Heimatland überschritten haben, keinen weiteren Anspruch auf besonderen Schutz oder auf Unterstützung, obwohl das UNHCR, wie wir gesehen haben, einigen zurückgekehrten Flüchtlingen Hilfe gewährt. Die Schwierigkeiten, mit denen diese Menschen unter Umständen zu kämpfen haben, sollten nicht unterschätzt werden. Normalerweise haben sie keinen Arbeitsplatz, an den sie zurückkehren könnten. Häufig wurden ihre Häuser und ihr Land während der Abwesenheit von anderen übernommen, zerstört oder verwüstet. Möglicherweise müssen auf ihrem Grund und Boden verlegte Minen geräumt werden. Die Infrastruktur ihrer Heimat – Straßen, Schulen, Krankenhäuser – ist häufig zerstört. Sie werden vielleicht von aus der Armee entlassenen Soldaten schikaniert oder bekommen den Neid und die Verbitterung derjenigen zu spüren, die nicht aus dem Land geflohen sind. Manche, insbesondere Frauen und Kinder, müssen mit dem Problem fertigwerden, dass sich ihr Status innerhalb der Gemeinschaft verringert hat.

Die zweite Lösung ist die Integration vor Ort. In diesem Fall siedeln sich Flüchtlinge dauerhaft im Gastland an. In den 1960er und 1970er Jahren war dies eine vor allem in Afrika weitverbreitete Praxis. Wie bereits angedeutet kam es dabei häufig vor, dass Flüchtlinge zwar nationalstaatliche Grenzen überschritten, aber dennoch in ihrer eigenen ethnischen Gruppe blieben. Aufgrund dieser Tatsache und des Umstands, dass die Anzahl der Flüchtlinge zu dieser Zeit noch relativ gering war, verlief ihre Ansiedlung vor Ort relativ problemlos. In einigen Ländern, wie z. B. in Tansania, haben Flüchtlinge, indem sie sich in Dörfern und Städten niederließen, sogar zur Belebung der örtlichen Wirtschaft beigetragen.

Die Integration vor Ort ist heute in Afrika, wo Regierungen den Flüchtlingsgruppen zunehmend mit Ablehnung begegnen, wesentlich seltener geworden. Ein Grund hierfür ist die große Anzahl von Flüchtlingen, ein weiterer die Tatsache, dass man sie zunehmend verantwortlich für Probleme macht, wie etwa die Konkurrenz um Land und Arbeit sowie die Schädigung der Umwelt. Afrikanische und andere Entwicklungsländer erwarten immer häufiger, dass Flüchtlinge in ihre Heimat zurückkehren, sobald die Verhältnisse dort sicher genug sind.

Im Gegensatz hierzu bedeutet die Anerkennung des Flüchtlingsstatus in den höher entwickelten Ländern der Erde üblicherweise auch das Recht auf einen dauerhaften Aufenthalt. Obwohl von Flüchtlingen rein rechtlich gesehen erwartet werden kann, dass sie in ihre Heimat zurückkehren, sobald sie dazu in der Lage sind, bleiben in der Praxis die meisten Flüchtlinge, etwa in Europa, dauerhaft in ihrem Aufnahmeland. In Großbritannien kann ein Flüchtling sieben Jahre nach Zuerkennung des Flüchtlingsstatus die Staatsbürgerschaft beantragen.

Die Ansiedlung in Drittländern ist die dritte der dauerhaften Lösungen, d.h., die Flüchtlinge werden, in der Regel von Lagern aus, in einem anderen Land dauerhaft angesiedelt. Dabei handelt es sich fast immer um eines der Industrieländer. Wir haben bereits gesehen, dass die meisten Flüchtlinge in den USA, in Australien und Kanada angesiedelt werden. In den 1970er und 1980er Jahren gab es die Ansiedlung von Flüchtlingen in Europa noch relativ häufig; zu dieser Zeit kamen sowohl viele vietnamesische »Boat People« als auch Flüchtlinge aus Pinochets Chile nach Europa. Heute hingegen sind die Quoten für die Ansiedlung von Flüchtlingen in Europa äußerst unangemessen. So wurden beispielsweise im Jahr 2009 in Großbritannien nur wenige hundert Flüchtlinge angesiedelt. Problematisch ist dabei, dass angesichts der gegenwärtigen öffentlichen Stimmungslage zu Asyl- und Flüchtlingsfragen in bestimmten Teilen Europas eine Erhöhung der Anzahl anzusiedelnder Flüchtlinge keine politisch durchsetzbare Option darstellt.

Asyl in der industrialisierten Welt

Das Thema Asylsuche steht in der gesamten industrialisierten Welt, besonders aber in Europa, an oberster Stelle der politischen Tagesordnung. In manchen Medien, gelegentlich auch in der Öffentlichkeit, herrscht zudem die Vorstellung, dass eine »Asylkrise« unmittelbar bevorsteht. Einerseits lassen sich Argumente dafür anführen, dass die Problematik übertrieben dargestellt wird. Andererseits gibt es tatsächlich eine Reihe wichtiger Herausforderungen, die sich in den industrialisierten Ländern im Zusammenhang mit der Asylfrage stellen. Sie sind es wert, separat erörtert zu werden, auch im Rahmen einer globalen Übersicht über das Thema Flüchtlinge und Asylsuchende wie im vorliegenden Kapitel.

In Europa gerieten Asylfragen besonders zu Beginn der 1990er Jahre immer stärker in das Zentrum des öffentlichen Interesses. Um diese Zeit erreichte die Zahl der in Europa eintreffenden Asylsuchenden – mit 700 000 im Jahr 1992 – ihren bisherigen Höchststand. Diese Zahl erhöhte sich noch einmal durch die Ankunft von fast einer Million westeuropäischer Flüchtlinge, die vor dem Krieg in Bosnien flohen.

Neben der großen Anzahl gab es noch weitere Gründe, warum die Asylbewerber damals zu einem Gefühl des Unbehagens beitrugen. Erstens trafen sie ohne Erlaubnis ein. Hierfür wurde häufig der Ausdruck »spontane Asylsuche« verwendet. In Europa wurden zwar, wie bereits erwähnt,

DAILY EXPRESS

CRUSADING FOR BRITAIN

The World's Greatest Newspaper

ONLY 20p TODAY

BABY SNATCH ORDEAL

Kidnap twin parents tell of despair and relief

EXCLUSIVE STORY AND PICTURES SEE PAGES 2&3

WE CAN'T KEEP THEM OUT

EXCLUSIVE REPORT AND DRAMATIC PICTURES PAGES 6&7

Asylum seekers risk their lives to flee French fascists as Britain's immigration doubles

OPINION 12 EXPRESS WOMAN 18 DIARY 27 LETTERS 30 TV 41-44 CROSSWORD 45 STARS 46 CITY 54-58 OBITS 59 SPORT 60-72

Abb. 10: Panikmache auf einer Titelseite des *Daily Express* (2002)

während der 1970er und 1980er Jahre Flüchtlinge angesiedelt; doch die Zielländer konnten deren Anzahl, Merkmale sowie die Art und Weise ihrer Ankunft kontrollieren. Danach jedoch kamen die Asylsuchenden einfach an den Landesgrenzen an, häufig aus sehr weit entfernten Ursprungsländern wie vor allem Afghanistan, Somalia und Sri Lanka. Zweitens, und auch dies im Gegensatz zu den umgesiedelten Flüchtlingen, handelte es sich bei vielen Asylsuchenden gar nicht um Flüchtlinge. Sämtliche legalen Möglichkeiten, zur Arbeitssuche nach Europa zu reisen, waren in den 1980er Jahren eingeschränkt worden. Das Asyl wurde zu einem der wenigen Kanäle, über die Arbeitsmigranten nach Europa kommen konnten. Und schließlich bestand die vielfach geäußerte Sorge, dass diese Menschen die Vorboten einer massenhaften Migration von Süden nach Norden sein würden.

Als Reaktion auf die steigende Zahl der Asylsuchenden und die anderen soeben genannten Bedenken haben die europäischen Länder eine größere Zahl von Gesetzen erlassen mit dem Ziel, die Zahl der Asylsuchenden zu verringern. Außerdem sollte sichergestellt werden, dass es sich bei denjenigen, die in Europa eintrafen, tatsächlich um echte und nicht um vorgetäuschte Fälle von Asylsuche handelte. Von den Bürgern zahlreicher Länder wurde ein Visum verlangt. Fluggesellschaften und andere Beförderungsunternehmen mussten die Reisepässe und Visa sämtlicher Passagiere überprüfen und mit Strafen rechnen, wenn sie dies unterließen. Asylverfahren wurden verkürzt, um sie schneller abwickeln zu können, und der Zugang zu Sozialleistungen wurde für Asylsuchende eingeschränkt.

Um die Auswirkungen dieser Richtlinien ist eine heftige

Abb. 11: Interview mit einem Asylsuchenden in Dover

Debatte entbrannt. Fest steht, dass die Zahl der Asylbewerber in Europa deutlich gesunken ist. Im Jahr 2010 gab es in der EU 269 000 Asylanträge. Zahlreiche Kommentatoren haben die Vermutung geäußert, dass der Rückgang hauptsächlich damit zu erklären ist, dass die Intensität der Konflikte in den wichtigsten Ursprungsländern – einschließlich Afghanistan, Somalia und Sri Lanka – abgenommen hat. Andere teilen hingegen die Auffassung, dass, obwohl neue Verfahrensweisens die Zahl der Asylbewerber tatsächlich verringert haben, Asylsuchende auch weiterhin eintreffen werden, jetzt jedoch auf irregulärem Weg. Die irreguläre Migration hat die Asylsuche ersetzt.

Anhand des Zusammenhangs zwischen Migration und Asyl lassen sich die besonderen Herausforderungen beschreiben, die das Asylproblem für die Industrienationen

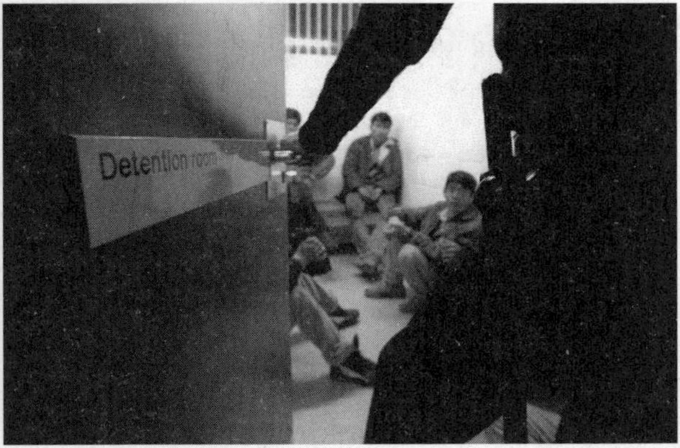

Abb. 12: Asylsuchende in einer Aufenthaltszelle in Folkstone. Sie sind in einem Güterzug versteckt nach Großbritannien gekommen.

heute darstellt. Dabei zeigen sich die begrifflichen und verfahrenstechnischen Schwierigkeiten, die es bereitet, Flüchtlinge von »Scheinasylanten« einerseits sowie Asylsuchende von irregulären Migranten andererseits zu unterscheiden.

Großbritannien ist ein anschauliches Beispiel dafür. In den letzten zehn Jahren ging man davon aus, dass etwa 10 bis 20 Prozent der Asylsuchenden die Kriterien der Konvention von 1951 erfüllen, und gewährte ihnen den Status von Flüchtlingen. Weitere 20 bis 30 Prozent der Asylsuchenden erfüllen zwar nicht die Kriterien der Konvention, man duldet sie jedoch vorübergehend, weil man akzeptiert, dass es zum gegebenen Zeitpunkt nicht sicher für sie wäre, in ihr Ursprungsland zurückzukehren. Dies bedeutet, dass

Ausweisung abgelehnter Asylbewerber

Großbritannien hat eine besonders schlechte Bilanz, wenn es um die Rückführung abgelehnter Asylbewerber geht. Im Jahr 2006 schätzte das Innenministerium, dass zwischen 150 000 und 288 000 abgelehnte Asylbewerber weiterhin in Großbritannien leben und dass es bis zu 18 Jahre dauern würde, sie in ihre Heimatländer zurückzuführen. Das größte Problem besteht darin, diese Menschen ausfindig zu machen. Viele von ihnen tauchen in Gemeinschaften ihrer eigenen ethnischen Herkunft unter und arbeiten häufig illegal. Gleichzeitig musste die Regierung Großbritanniens stillschweigend einen Mittelweg suchen zwischen den Vorteilen, die die Ausweisung abgelehnter Asylbewerber bringt, und dem Risiko, dass sie durch den Vollzug der Ausweisungen die Entstehung von Ressentiments unter den zahlenmäßig nicht unbedeutenden ethnischen Minderheiten begünstigt. Zudem gibt es in Großbritannien eine lautstarke Kampagne gegen die Abschiebung, deren Vertreter – manchmal zu Recht – darum besorgt sind, dass abgelehnte Asylbewerber in Länder zurückgeschickt werden, in denen sie der Verfolgung ausgesetzt sind.

die Schutzbedürftigkeit von 50 bis 70 Prozent der Asylsuchenden nicht anerkannt wird. Abgelehnte Bewerber haben das Recht auf Einspruch, und einigen von ihnen wird der Schutz des Asyls später doch noch gewährt. Die Mehrzahl der Einsprüche gegen die Verweigerung des Flüchtlingsstatus wird jedoch abgelehnt, und die Betroffenen müssen daraufhin in ihr Ursprungsland zurückkehren. Viele von ihnen tun dies jedoch nicht, sondern bleiben illegal in Großbritannien.

Die Situation abgewiesener Asylbewerber, die im Zielland bleiben, obwohl ihr Asylantrag und der anschließende Einspruch gegen einen negativen Bescheid abgelehnt wurden, ist einer der Gründe, warum Asylsuche und irreguläre Migration in Zusammenhang gebracht werden. Ein weiterer Grund besteht darin, dass gegenwärtig immer mehr Asylsuchende auf illegalem Weg in ein Land kommen, häufig mit Unterstützung von Migrantenschmugglern. Angesichts der mit dem Migrantenschmuggel verbundenen, im vorigen Kapitel geschilderten Gefahren ist dies für Asylbefürworter und Menschenrechtsorganisationen ein Anlass zu erheblicher Sorge. Schließlich sei auch noch erwähnt, dass einige Asylsuchende nach ihrer Ankunft gegen Gesetze verstoßen, in der Regel dadurch, dass sie eine Arbeit annehmen, bevor sie eine Erlaubnis dazu erhalten.

In diesem Kontext überrascht es daher vielleicht nicht allzu sehr, dass die Begriffe »Asylsuchender« und »irregulärer Migrant« häufig synonym verwendet werden. Problematisch ist dabei, dass dies von dem Sachverhalt ablenkt, dass viele der Asylsuchenden tatsächlich geflohen sind, um ihr Leben zu retten, ihre Freiheit zu erlangen oder Schutz zu finden. Es ist besorgniserregend, dass Flüchtlinge – also Menschen, die nach der internationalen Flüchtlingsordnung Anspruch auf Schutz haben – ihr Leben in Gefahr bringen, um Asyl in den industrialisierten Ländern zu finden, und dass sie nach ihrer Ankunft immer häufiger als irreguläre Migranten betrachtet und auch so behandelt werden.

7 Migranten in der Gesellschaft

Eine der gegenwärtig drängendsten Fragen betrifft das Problem, wie sich die Immigration auf die Gesellschaft der jeweiligen Zielländer auswirkt. Große, immer weiter steigende Zahlen von Immigranten sind zu einem Zeitpunkt in die hochentwickelten Industriegesellschaften gekommen, als viele dieser Staaten immense strukturelle Umwandlungen zu bewältigen hatten. Hierzu gehören ökonomische, demographische und technologische Veränderungen, die in die Gesellschaft, den Arbeitsmarkt und das Gemeinschaftsleben eingreifen. In der Folge sind empfindliche Einbußen an sozialer Sicherheit trotz zunehmender Bedürftigkeit, wachsende Anforderungen an die Infrastruktur sowie unterschwellig brodelnde soziale und kulturelle Krisen entstanden. All das steht im größeren Zusammenhang mit den Unsicherheitsfaktoren in der Weltwirtschaft und einem verstärkten Gefühl allgemeiner Verunsicherung.

Immigration und Immigranten bieten sich als konkrete, deutlich sichtbare und einfache Erklärung für die Probleme der modernen Gesellschaft an. Dies ist einer der Gründe dafür, warum in allen Industrienationen rechtsextreme Gruppierungen immer mehr Zulauf haben. Die Bilanz der umfangreichen Forschungsliteratur zu den Auswirkungen der Migration auf die Gesellschaft fällt indes nicht eindeutig aus. Es zeigt sich, dass eine statische Sichtweise die tatsächlichen Folgen der Immigration möglicherweise nur unvollständig wiedergibt, da sich diese im Laufe der Zeit wahrscheinlich ändern, z. B. dadurch, dass Immigranten neue berufliche Fähigkeiten und Erfahrungen auf dem Arbeitsmarkt erwerben. Es zeigt sich aber auch die erhebliche

Schwierigkeit, die Auswirkungen der Migration auf gesellschaftliche Veränderungen gesondert zu betrachten. Denn die Migration darf nicht isoliert von anderen Phänomenen betrachtet werden, die ebenfalls weitverbreiteten Protest auf sich ziehen, wie beispielsweise die Liberalisierung und Privatisierung. Die wissenschaftliche Literatur weist ferner darauf hin, dass die Bedeutung von Migranten und Migration in Abhängigkeit von vielfältigen Faktoren beträchtlich variieren kann, je nach den typischen Merkmalen der Migranten, ihrem geographischen Standort innerhalb der Gastgesellschaften sowie den vorhandenen Arbeitsmarktbedingungen und sozialen Beziehungen. Außerdem lassen sich die Vor- und Nachteile der nichtökonomischen Auswirkungen der Immigration auf die Politik, Gesellschaft und Kultur eines Landes nur schwer quantifizieren.

Die ökonomischen Folgen der Immigration

Die ökonomischen Folgen der Immigration für die Zielgesellschaften sind ein Thema, das äußerst kontrovers diskutiert wird. Die Debatten der Fachleute zu diesem Thema sind in den USA im allgemeinen differenzierter als in Europa, zum einen deshalb, weil es das politische und wirtschaftliche Klima in Europa bis vor kurzem erschwert hat, die Ansicht zu vertreten, die Immigration habe positive ökonomische Folgen. Dies war nicht immer so. So war zum Beispiel die Logik, die dem Gastarbeitersystem in Deutschland während der 1950er und 1960er Jahre zugrunde lag, fast ausschließlich eine des wirtschaftlichen Vorteils für das Gastland.

Im Zentrum der fortgesetzten Debatten steht der Einfluss der Immigration auf das wirtschaftliche Wachstum. Die Auseinandersetzung hat bislang zu keinem allgemein akzeptierten Ergebnis geführt. Der bedeutendste Forscher zu den Fragen, die die wirtschaftlichen Folgen der Migration betreffen, ist wahrscheinlich George Borjas. Er hat festgestellt, dass, »obwohl es neueren theoretischen Arbeiten gelungen ist, Fortschritte bei der Erklärung der möglichen Verbindung zwischen Immigration und Wachstum zu machen, nur sehr wenige empirische Studien durchgeführt wurden und dass aus diesen kein klares Bild hervorgegangen ist« (*Journal of Economic Perspectives* 9, Heft 2, 1995, S. 39).

Die Vertreter der Ansicht, die Migration wirke sich positiv auf die Wirtschaft aus, weisen einerseits auf die Bereitschaft von Migranten hin, Arbeit zu niedrigen Löhnen anzunehmen, und andererseits darauf, dass viele von ihnen sehr viel Ehrgeiz zeigen und dass ein ständiges Angebot an Arbeitskräften Flexibilität zur Folge hat. Ferner wird argumentiert, dass Immigranten die Renditen von Kapitalinvestitionen erhöhen, dass sich die Immigration nur minimal auf bestehende Löhne auswirkt, dass durch die unternehmerischen Aktivitäten von Immigranten Arbeitsplätze geschaffen werden und dass ihre Arbeitskraft die Konkurrenzfähigkeit eines Landes sichern kann, das ansonsten im internationalen Wettbewerb nicht bestehen könnte. Manchmal werden in diesem Zusammenhang auch die positiven Auswirkungen der Migration auf die Ursprungsländer mit angeführt, deren zentrale Aspekte uns bereits in Kapitel 4 beschäftigt haben.

Andere, gleichfalls angesehene Fachleute in den USA und anderen Ländern vertreten auf ebenso überzeugende

Historische Erfahrungen

Mehrere Ereignisse der jüngsten Geschichte bieten interessante Präzedenzfälle für die Bewertung der ökonomischen Folgen der Immigration. Im Jahr 1962 siedelten aus Algerien 90 000 Menschen europäischer Abstammung nach Frankreich um. Das französische Arbeitskräftepotenzial wurde hierdurch um 1,6 Prozent erhöht. Entsprechende Untersuchungen ergaben, dass die Folgen dieses Zuzugs von Arbeitskräften lediglich darin bestanden, dass die Löhne in den Bereichen, in denen die Hinzugezogenen sich ansiedelten, um 0,8 Prozent sanken und die Arbeitslosenquote um 0,2 Prozent anstieg. 1974 kehrten 60 000 portugiesische Kolonisten aus Angola und Mosambik in ihre Heimat zurück. Empirische Untersuchungen konnten keinerlei Auswirkungen auf den Arbeitsmarkt feststellen. Im Jahr 1980 kamen etwa 125 000 Kubaner nach Miami, was zu einer Erhöhung des dortigen Arbeitskräftepotenzials um 7 Prozent führte. Als man die Konsequenzen der Immigration für den vorhandenen Markt ungelernter Arbeitskräfte verschiedenen ethnischen Ursprungs untersuchte, schienen sie sich lediglich auf die Kubaner negativ ausgewirkt zu haben (UNDESA, *World Economic and Social Survey: International Migration*, New York: UN, 2004).

Weise die Ansicht, dass Immigration einen negativen Einfluss auf die Wirtschaft eines Landes ausübt. Sie weisen darauf hin, dass die Zuwanderung eine Erhöhung der Arbeitslosigkeit unter den im Ausland geborenen Staatsbürgern zur Folge hat, dass sie sich negativ auf die Konkurrenz unter den ansässigen Minderheiten auswirkt, dass Immigrantenfamilien häufig kinderreich sind und dadurch das Sozialsystem belasten. Ferner kann ein Reservoir von ungelernten Arbeitskräften die Restrukturierung und Neuorganisation einzelner Industriezweige verzögern und dazu führen, dass ausbeuterische Arbeitsbedingungen entstehen. Außerdem können die Möglichkeiten der Gewerkschaften, gerechte Arbeitsverhältnisse zu verteidigen, untergraben werden.

In der allgemeinen Diskussion über die ökonomischen Auswirkungen der Migration standen drei Aspekte im Mittelpunkt der Aufmerksamkeit: die Auswirkungen auf die Verfügbarkeit von Arbeitsplätzen für die einheimische Bevölkerung und auf die Höhe ihrer Löhne sowie die finanzpolitischen Konsequenzen der Migration, besonders für die öffentlichen und kommunalen Haushalte.

Eine besonders hartnäckige Befürchtung, die in den Zielländern weltweit immer wieder Ausdruck findet, beruht auf der Annahme, dass Immigranten den Einheimischen die Arbeitsplätze wegnehmen. Diese Sorge ist besonders in vielen europäischen Ländern vorhanden, da es hier einen recht hohen Prozentsatz von Arbeitslosen mit einem relativ großen Anteil an Langzeitarbeitslosen gibt. In Wirklichkeit scheint die Sorge jedoch nur in seltenen Fällen berechtigt zu sein, und zwar deshalb, weil es Migranten in den meisten Ländern gestattet ist, Lücken der lokalen Arbeitsmärkte zu füllen. (Für Flüchtlinge, die aufgrund von humanitären statt ökonomischen Gründen aufgenommen werden, gilt dies nicht.) Dabei kann es sich um Arbeitsplätze handeln, für die ein Mangel an bestimmten Qualifikationen besteht, den das örtliche Schul- und Ausbildungssystem nicht beseitigen kann, oder um Arbeitsplätze mit geringem Status, die die Einheimischen nicht annehmen wollen. Arbeitsmigranten werden selten ermutigt, sich in Konkurrenzsituati-

Selbständige ausländische Arbeitskräfte und »ethnisches Unternehmertum«

Die Flut der Forschungsarbeiten zu den in Kanada, Dänemark, Finnland, Spanien, Irland und Großbritannien sehr zahlreichen selbständigen ausländischen Arbeitskräften steigt stetig an. Für den hohen Prozentsatz der Selbständigkeit unter den Immigranten in diesen Ländern werden hauptsächlich drei Gründe angeführt. Einer betrifft die selektive Natur der Migration: Migranten sind dynamischer und scheuen sich weniger als Einheimische, Risiken auf sich zu nehmen. Eine andere Erklärung hebt hingegen hervor, dass Migranten sich selbständig machen, weil es aufgrund von Diskriminierung wegen Sprachschwierigkeiten und Problemen beim Zugang zu Informationen schwerer für sie ist, einen Arbeitsplatz zu finden. Die Entwicklung unternehmerischer Aktivitäten, die auf die Immigrantengemeinschaften der eigenen ethnischen Herkunft ausgerichtet sind, ist eine dritte Erklärung. Häufig wird diese Art von wirtschaftlicher Aktivität für spezifische Gemeinschaften als »ethnisches Unternehmertum« bezeichnet. Besonders wichtig ist dabei, dass die Folgen dieses Unternehmertums über die jeweilige ethnische Gemeinschaft hinausreichen. So wurden zwar beispielsweise indische, italienische und türkische kulinarische Spezialitäten ursprünglich von Immigranten für Immigranten in bestimmten Gastländern eingeführt, heute sind sie jedoch weltweit ein fester Bestandteil der Essgewohnheiten.

onen mit einheimischen Beschäftigten zu begeben. Umfangreiche Vergleichsstudien, die sämtliche Industrienationen einbezogen, lassen erkennen, dass die Auswirkungen der Immigration auf das Arbeitsplatzangebot für die einheimische Bevölkerung im ungünstigsten Fall neutral und im Optimalfall positiv sind, da die Zuwanderung zu wirtschaftlichem Wachstum und zu mehr Arbeitsplätzen führen kann.

In den USA konzentrierte sich ein Hauptaspekt der Debatten über die Immigration auf die Frage, wie sich diese auf das Lohnniveau auswirkt. Eine in sämtlichen Bundesstaaten durchgeführte, umfassende Studie ergab, dass die Arbeitskräfte, deren Arbeitsmarktprofil demjenigen von Migranten am ähnlichsten ist, die negativen Auswirkungen der Immigration am stärksten zu spüren bekommen. Es besteht also eine direkte Konkurrenz zwischen diesen Arbeitskräften und den Migranten. Dieser Effekt, so wird argumentiert, gleicht sich jedoch durch positive Auswirkungen auf die Löhne derjenigen, die nicht mit Migranten um Arbeit konkurrieren, wieder aus, da ihnen die verbesserte Ertragslage der amerikanischen Firmen zugute kommt, die selbst ein Ergebnis der Immigration ist.

Da die Zahl der ungelernten Migranten in den USA in den letzten Jahren zugenommen hat, gilt ein besonderes Interesse der Frage, wie sich die Immigration auf die Löhne der einheimischen ungelernten Arbeiter auswirkt. Afroamerikaner sind unter den weniger gut Ausgebildeten übermäßig stark vertreten und verfügen seltener über feste Beschäftigungen, so dass sich die Immigration auf sie besonders nachteilig auswirkt. Die Ergebnisse neuerer Untersuchungen hierzu sind jedoch weder eindeutig noch schlüssig. Einerseits haben in New York durchgeführte Studien gezeigt, dass der Anteil afroamerikanischer Männer an der arbeitenden Bevölkerung und ihre Einkünfte in den 1980er und frühen 1990er Jahren zurückgegangen sind. Genau zu dieser Zeit erreichte die Zahl neuer Immigranten, von denen viele ungelernt waren, ihren höchsten Stand. Andererseits haben nur wenige Untersuchungen ein Nettoergebnis vorweisen können, das man ausschließlich der Immigration hätte zuschreiben können, d. h. die Immigration ist normalerweise lediglich ein Faktor unter einer Vielzahl anderer Faktoren, die den Rückgang von Löhnen vielleicht erklären können, und es erweist sich daher als schwierig, ihre Auswirkungen isoliert zu betrachten.

Ein letzter Punkt der Diskussion um die ökonomischen Folgen der Zuwanderung betrifft die Frage, welche Konsequenzen sie für die Staatsfinanzen hat. Einzelstudien in Australien, Deutschland, Großbritannien und den USA haben ergeben, dass der Gesamteffekt der Immigration positiv ist und dass Immigranten insgesamt gesehen mehr Steuergelder erwirtschaften, als sie auf dem Wege staatlicher Dienstleistungen in Anspruch nehmen. Normalerweise wird dies damit erklärt, dass die Altersstruktur von Immigrantengemeinschaften verzerrt ist, da sie hauptsächlich aus Menschen im erwerbstätigen Alter bestehen, und dass die Arbeitslosigkeit unter Migranten generell niedrig ist. Hinzu kommt, dass das Gastland die Kosten für die Erziehung und Ausbildung der Migranten in der Regel nicht übernehmen musste. Außerdem muss es häufig die Kosten für die Altersversorgung ebenfalls nicht tragen, da Migranten, wenn sie in den Ruhestand gehen, oft in ihre Heimat zurückkehren.

Es gibt diesbezüglich allerdings wichtige Unterschiede. So legen entsprechende Untersuchungen beispielsweise nahe, dass die Auswirkungen der Immigration auf die Staatsfinanzen in Ländern wie den USA, die nicht vor dem akuten Problem einer überalterten Bevölkerung stehen, weniger eindeutig positiv sind als in zahlreichen europäischen Ländern und in Japan. Für diese Länder stellt sich das Problem der Überalterung. Eine Studie in Neuseeland hat indes ergeben, dass die Immigration zwar insgesamt einen positiven Beitrag zu den Staatsfinanzen in Höhe von 3,240 Millionen NZ-Dollar leistet, dass neue Migranten aus Asien und besonders von den pazifischen Inseln den Staat jedoch mehr kosten, als sie an Steuergeldern erwirtschaften.

Ein Hauptaspekt sämtlicher obengenannter Diskussionspunkte zu der Frage, wie sich die Immigration auf die Wirtschaft auswirkt, ist der Beschäftigungsgrad unter den Immigranten. Dieser hängt von einer Reihe verschiedener Faktoren ab. In den USA, jedoch auch in Europa, stehen neuere Debatten unter dem Leitgedanken, dass sich das Wesen der internationalen Migration verändert hat. Die Zusammenführung von Familien hat zur Folge, dass ein größerer Anteil der Migranten nicht am Erwerbsleben teilnimmt. Außerdem erhalten immer weniger Asylsuchende eine befristete Arbeitserlaubnis. Man hat auch die Vermutung geäußert, dass die neueren Migranten weniger dazu imstande sind, soziale Mobilität und berufliche Qualifikationen zu erwerben als ihre Vorgänger.

Die Erwerbstätigenquote der im Ausland geborenen Bevölkerung ist in der EU mit insgesamt 61 Prozent um 25 Prozent niedriger als der gesamteuropäische Durchschnitt. Je nach Wohnort und Ursprungsland unterliegt dieser Prozentsatz jedoch beträchtlichen Schwankungen. Die Erwerbstätigenquote der Zuwanderer aus West- und Südeuropa liegt über dem europäischen Durchschnitt, während die Erwerbstätigenquote der Zuwanderer aus anderen Teilen der Welt darunter liegt. Besonders hoch ist die Arbeitslosigkeit unter Zuwanderern aus der Türkei, dem Nahen Osten und aus Afrika. Außerdem gibt es einen großen Unterschied zwischen den Geschlechtern. Während die Erwerbstätigenquote der im Ausland geborenen Männer nur etwas unter dem Durchschnitt für europäische Männer liegt, liegt die Erwerbstätigenquote im Ausland geborener Frauen deutlich niedriger als der Durchschnitt für europäische Frauen.

Ferner ist es wichtig darauf hinzuweisen, dass Untersuchungen, die auf bestimmte Regionen und Städte beschränkt sind, nicht unbedingt dieselben Schlussfolgerungen über die Erwerbstätigenquote unter den Immigranten und deren steuerliche Auswirkungen nahelegen wie Untersuchungen auf nationaler Ebene. So hat man beispielsweise herausgefunden, dass der Nettoeffekt der Immigranten auf die öffentlichen Haushalte kommunaler Verwaltungen in einer Reihe größerer europäischer Städte negativ ist. Größtenteils wird dies auf die hohe Arbeitslosigkeit innerhalb bestimmter Migrantengemeinschaften zurückgeführt. Untersuchungen von William Clark in den neun wichtigsten Ankunftsstädten für neue Migranten in den USA ergaben, dass Migranten im Vergleich zu den Einheimischen weniger Qualifikationen und Einkünfte besitzen und dass Armut und Abhängigkeit von staatlicher Hilfe unter ihnen zunehmen. Dieser Abstand ist im Laufe der Zeit immer größer geworden. Weitere Analysen von Clark legen nahe, dass diese Probleme besonders mit bestimmten Orten und ethnischen oder nationalen Gruppen zusammenhängen. So stellte er beispielsweise fest, dass ungelernte mexikanische Migranten im Bezirk Los Angeles besonders verarmt sind.

Zum Schluss dieses Abschnitts sei noch auf eine letzte, wichtige Beobachtung hingewiesen. Sie betrifft die Tatsache, dass zwischen den Ergebnissen akademischer Forschungen, wie sie hier zitiert wurden, und der öffentlichen und sogar politischen Meinung häufig eine tiefe Kluft besteht. Selbst in Fällen, in denen Untersuchungen eindeutig zu der Schlussfolgerung gelangen, dass Immigranten zum wirtschaftlichen Wachstum beitragen, dass sie nicht um Arbeitsplätze konkurrieren, dass sie das Lohnniveau für die Einheimischen nicht senken und dass sie bei einer Kosten-Nutzen-Rechnung eine positive Bilanz erbringen, entspricht dies nicht unbedingt der öffentlichen oder politischen Sichtweise. In den USA und in Europa hat man immer wieder festgestellt, dass es eine Korrelation zwischen der negativen öffentlichen Meinung über den Umfang der Immigration und den hohen Arbeitslosenzahlen gibt, obwohl sich eine direkte Beziehung zwischen den beiden Größen nicht beweisen lässt. In ähnlicher Weise wird zum Beispiel auch in Malaysia und Südafrika die Immigration für die Arbeitslosigkeit verantwortlich gemacht.

Die zweite und dritte Generation

In letzter Zeit hat man sich immer öfter gefragt, welche wirtschaftliche Leistung die Migranten der zweiten und dritten Generation, d. h. die Kinder und Enkel von Migranten, erbringen. Viele von ihnen sind vom Wirtschaftsleben ausgeschlossen. Obwohl noch andere Faktoren hierfür verantwortlich sind, wie zum Beispiel ihre politische Benachteiligung und die damit zusammenhängende soziale und kulturelle Isolation, ist dies einer der am häufigsten angeführten Gründe dafür, warum es unter den Nachkommen von Immigranten in verschiedenen europäischen Ländern in letzter Zeit zu Unruhen gekommen ist.

Die Fachleute zu diesem Thema lassen sich zum größten Teil einer von zwei Denkrichtungen zuordnen. Optimisten, die auf die Erfahrungen europäischer Einwanderer in den USA, Kanada und Australien als Beispiel verweisen, sind der Ansicht, dass Folgegenerationen, auch wenn davon auszugehen ist, dass die Generation der Migranten selbst wirtschaftliche Nachteile in Kauf nehmen muss, gleiche Chancen wie die Einheimischen haben. Es gibt zahlreiche Gründe dafür, warum die erste Generation auf dem Arbeitsmarkt schlecht abschneidet – etwa weil ihre ausländischen Qualifikationen nicht anerkannt werden, weil es ihnen an Sprachkenntnissen fehlt oder weil sie keine Erfahrungen auf dem Arbeitsmarkt des Ziellandes haben. Diese Erklärungen sollten jedoch, so wird argumentiert, nicht in gleicher Weise auf die zweite Generation bezogen werden. Im Gegensatz hierzu glauben Pessimisten, dass die historischen Beispiele sich nicht auf die neuere Migration übertragen lassen, besonders wenn sie von weniger entwickelten Ländern ausgeht und sichtbare Minderheiten betrifft, die auch weiterhin eine Diskriminierung erfahren werden.

Professor Anthony Heath, Soziologe an der Universität Oxford, hat vor kurzem mit Kollegen eine umfassende internationale Vergleichsanalyse zu diesem Thema durchgeführt, um das Ausmaß und die Ursachen jenes Phänomens zu ermitteln, das sie als »ethnische Benachteiligung« bezeichneten. Neben anderen Faktoren verglichen sie die Arbeitslosenquote der zweiten und dritten Generationen europäischer und nichteuropäischer Vorfahren in Australien, Kanada, Israel, den USA, Österreich, Belgien, Frankreich, Deutschland, den Niederlanden, Schweden, Großbritannien, Südafrika und Nordirland.

Ihre Ergebnisse bestätigten weitestgehend diejenigen früherer Untersuchungen. In sämtlichen im Verlauf der Studie untersuchten Ländern erfuhr die zweite Generation mit europäischen Vorfahren im Prinzip keinerlei Benachteiligung, d.h. ihre Beschäftigungsquoten lagen ebenso hoch oder höher als die der Einheimischen. Die zweite Generation nichteuropäischer Vorfahren erfuhr jedoch, und zwar ebenfalls in allen von der Studie untersuchten Ländern, eine ethnische Benachteiligung. Besonders ausgeprägt war sie in Österreich, Belgien, Frankreich, Deutschland und den Niederlanden. Ein Faktor, der die Unterschiede zwischen den untersuchten Ländern erklären kann, ist die Höhe der Arbeitslosigkeit im jeweiligen Land. Die ethnische Benachteiligung schien dort am stärksten zu sein, wo die Arbeitslosigkeit am höchsten war.

Bei jeder derartigen Studie ist es schwer, die Ergebnisse verbindlich zu erklären, da zahlreiche variable Größen in sie einfließen. Zu den Gründen für eine ethnische Benachteiligung zählen jedoch Diskriminierung, in einigen der untersuchten Länder ein weitverbreiteter Rassismus, Arbeitsmarktflexibilität sowie Faktoren, die mit Bildungskapital in Zusammenhang stehen, wie z.B. Informationen, Kontakte, persönliche Hoffnungen und sozio-kulturelle Identität. Eine der übergreifenden Schlussfolgerungen der Studie bestand darin, dass die Last der Vergangenheit nur schwer zu überwinden ist, wie sich laut den Ergebnissen besagter Studie etwa an den Erfahrungen der Afroamerikaner in den USA und der Katholiken in Nordirland zeigt.

Ein Aspekt dieser und ähnlicher Forschungsergebnisse fällt besonders ins Auge: Die ethnische Benachteiligung der zweiten Generation ist unabhängig von den Prinzipien, die der Integrationspolitik des jeweiligen Landes zugrunde liegen. So hat es zum Beispiel die zweite Generation nichteuropäischer Vorfahren in Frankreich, wo man auf Assimilation setzt, ebenso schwer wie im multikulturellen Großbritannien. Die Auffassung, dass keines dieser Modelle besonders effektiv ist, setzt sich immer mehr durch. Stattdessen, so wird argumentiert, lässt sich Integration am besten durch die Konzentration auf weniger abstrakte und praktischere Belange erreichen. Hierzu zählen insbesondere Sprachunterricht, Schulung und Ausbildung, die Eingliederung in den Arbeitsmarkt und das Erwerbsleben, die Gesundheitsvorsorge und andere wesentliche Sozialleistungen sowie eine Beteiligung am gesellschaftlichen und politischen Leben. Man hat sogar behauptet, die Integration sei in den USA problemloser verlaufen als in anderen Ländern, weil die Regierung sich dort kaum in den Prozess eingemischt habe, wodurch die Eigenständigkeit und interne Führung der Migrantengemeinschaften gefördert worden seien.

Migranten und Politik

Überall in Westeuropa sind muslimische Migranten und ihre Nachkommen der zweiten und dritten Generation von einer unverhältnismäßig hohen Arbeitslosigkeit betroffen.

Für viele von ihnen entstehen zusätzliche Probleme in der Ausbildung und auf dem Wohnungsmarkt. Diese zugrundeliegenden sozio-ökonomischen Spannungen sind in den letzten Jahren durch hochpolitisierte Fragen zur kulturellen Identität noch verschärft worden, zum Beispiel durch die Salman-Rushdie-Affäre in Großbritannien, den »War on Terror« sowie die militärischen Interventionen in Afghanistan und im Irak. Stephen Castles und Mark Miller zufolge resultiert daraus, dass, »während die überwiegende Mehrheit der muslimischen Immigranten den Fundamentalismus ablehnt, Westeuropa vom starken Anstieg religiösen Eifers, der durch die muslimische Welt ging, sicherlich betroffen wurde«.

Die Zunahme des Fundamentalismus ist jedoch nur ein einzelner thematischer Aspekt der viel umfassenderen Forschungsliteratur, die sich mit den politischen Folgen der Immigration für die Gastländer auseinandersetzt. Ein weiterer Schnittpunkt von Immigration und Politik ist die Zunahme eines gegen Immigranten gerichteten Extremismus. In den letzten zehn Jahren sind fast überall in Europa immigrantenfeindliche politische Bewegungen entstanden. Die vielleicht größte ist die Front National in Frankreich. Ihr Anführer Le Pen schockierte Europa, als er im Jahr 2002 in der ersten Runde der Präsidentschaftswahlen ein Fünftel der Wählerstimmen auf sich vereinigen konnte und damit den sozialistischen Kandidaten Lionel Jospin aus dem Rennen schlug. Des weiteren hat die Unterstützung für den flämischen Vlaams Blok in Belgien beträchtlich zugenommen. Jörg Haiders immigrantenfeindliche Freiheitspartei hat in Österreich mit der Volkspartei eine Koalitionsregierung gebildet, obwohl Haider selbst im Jahr 2000 als Parteivorsitzender zurücktrat. In Italien trug eine heftige Gegenreaktion auf die Immigration wesentlich zum Erfolg der Lega Nord, der Forza Italia und der neofaschistischen Nationalen Allianz bei. In den Niederlanden überraschte im Jahr 2001 der Aufstieg von Pim Fortuyn und seiner immigrationsfeindlichen Partei viele politische Beobachter. Außerhalb von Europa hatte die »One Nation«-Partei von Pauline Hanson in Queensland (Australien) 1998 einen bemerkenswerten politischen Erfolg. Es gelang ihr, ein Viertel der Wählerstimmen auf sich zu vereinigen, und sie errang bei den Wahlen zum Parlament 11 Sitze, obwohl Hanson seither die Partei verlassen hat und dem Abgeordnetenhaus als Unabhängige angehört.

Einige Wissenschaftler haben behauptet, die Entstehung von rechtsextremistischen Parteien habe zu Immigrantenfeindlichkeit quer durch das gesamte politische Spektrum geführt. So hat man beispielsweise die These vertreten, die Position der französischen Sozialisten zu Fragen der Zuwanderung habe sich in dem Maße nach rechts verschoben, wie die Unterstützung der Front National zugenommen habe. Ob es sich hierbei um eine zutreffende Analyse (sie ist nicht unumstritten) handelt oder nicht: Fest steht, dass der Erfolg solcher Parteien ein wichtiger Grund dafür gewesen ist, dass das Thema Immigration in der gesamten industrialisierten Welt auf der politischen Tagesordnung nach oben gerückt ist.

Die Immigration hat jedoch nicht nur zur Gründung neuer Parteien und zu neuen politischen Themen geführt. Die wissenschaftlichen Untersuchungen der Zuwanderung haben mindestens zwei weitere Auswirkungen auf die Politik und die politischen Systeme der Zielländer erkannt. Besonders in Belgien, Frankreich und den Niederlanden, wo Zuwanderer nicht die Staatsbürgerschaft erhalten, gibt es eine heftige Debatte über die Frage der politischen Beteiligung und Vertretung der Immigranten und ihrer Nachkommen. Während der 1970er und 1980er Jahre versuchten sie, auf anderen Wegen als den üblichen, die ihnen häufig verschlossen waren, politisch aktiv zu werden, zum Beispiel durch Beteiligung an Streiks in der Industrie, Protestbewegungen, Hungerstreiks und Krawallen in Städten.

In letzter Zeit haben immer mehr europäische Länder den Immigranten bestimmte politische Rechte verliehen, einschließlich des passiven und aktiven Wahlrechts bei Kommunal- und Regionalwahlen (nicht jedoch bei nationalen Wahlen). Dies lässt sich weitgehend als Reaktion darauf erklären, dass sich die Einsicht durchsetzt, bei dem längerfristigen Aufenthalt ausländischer Personen handele es sich um ein dauerhaftes Phänomen. Es wird behauptet, dass das politische Engagement innerhalb der Gemeinschaft, in der jemand lebt, ein menschliches Grundrecht ist. Außerdem ist darauf hingewiesen worden, dass es zu sozialen Spannungen und Konflikten führen kann, wenn Migranten von der politischen Beteiligung ausgeschlossen bleiben. In den Ländern der EU haben nunmehr sämtliche europäischen Bürger bei kommunalen, regionalen und europäischen Wahlen im Aufenthaltsland das passive und aktive Wahlrecht. Einige Länder (so etwa Dänemark, Finnland, Irland, die Niederlande, Norwegen und Schweden) gewähren auch den Angehörigen von Staaten außerhalb der EU das passive und aktive Wahlrecht, sofern sie sich für einen bestimmten Mindestzeitraum im jeweiligen

Land aufgehalten haben. In anderen Ländern (etwa Portugal, Spanien und Großbritannien) wurde den Bürgern bestimmter Nationen auf der Grundlage beiderseitiger Übereinkünfte das passive und aktive Wahlrecht bei Kommunal- und Regionalwahlen gewährt.

Die Gründung von Wahlblöcken ist eine weitere Strategie, mit der die zugewanderten Bürger einer bestimmten Herkunft die Politik in den Gesellschaften ihrer Zielländer beeinflussen können. Das vielleicht beste Beispiel hierfür sind die sowjetischen Juden in Israel, die etwa 15 Prozent der Wählerschaft Israels ausmachen und seit 1992 den Ausgang jeder Wahl entscheidend beeinflusst haben. In Québec haben die Immigranten gegen die Unabhängigkeit und für den Verbleib von Québec in der Kanadischen Föderation gestimmt und auf diese Weise die Volksabstimmung von 1996 über die Zukunft der Provinz maßgeblich mitbestimmt. Im Jahr 2002 sind bei den Wahlen zum deutschen Bundestag, die nur mit knapper Mehrheit gewonnen wurden, die 350 000 Deutschen türkischer Abstammung ebenfalls als wichtiger Wahlblock in Erscheinung getreten. Man kann es als Reaktion auf derartige Einflussmöglichkeiten ansehen, dass politische Parteien, z. B. in Großbritannien und in den USA, immer stärker auch um die Gunst der Migranten unter den Wählern werben.

In bestimmten Staaten der USA stellt das politische Potenzial des lateinamerikanischen Wahlblocks die Politiker vor ein Dilemma besonderer Art. Einerseits lässt sich großes politisches Kapital aus einer harten Linie gegen die irreguläre Migration aus Mexiko schlagen. Andererseits müssen auch die lateinamerikanischen Wähler umworben werden. Zählt man die Puertoricaner nicht mit, leben in den USA etwa 42 Millionen Menschen lateinamerikanischer Herkunft. Dies entspricht etwa 14 Prozent der Gesamtbevölkerung. Die Stimmen dieser Wähler können in Staaten wie Kalifornien und Colorado wahlentscheidend sein, und man hat sogar behauptet, dass sie auf nationaler Ebene den Ausgang von Präsidentschaftswahlen beinflussen können. Hinzu kommt, dass die Stimmen der lateinamerikanischen Wähler in Zukunft wahrscheinlich noch wichtiger werden, da ein Drittel der Menschen lateinamerikanischer Herkunft in den USA jünger als 18 Jahre ist.

Verringerung des demographischen Defizits

Eine Diskussion, die erst in jüngster Zeit begonnen hat, gilt der Frage, in welchem Umfang die Immigration zur Lösung derjenigen Probleme beitragen kann, die sich als Folge des sogenannten »demographischen Defizits« ergeben. In immer mehr industrialisierten Ländern nimmt die einheimische Bevölkerung ab und überaltert zunehmend. Geringe Geburtenraten, eine immer höhere Lebenserwartung und ständige Fortschritte in der Gesundheitsvorsorge haben dies zur Folge. Es gibt weniger junge und eine wachsende Zahl alter Menschen, von denen viele, nachdem sie aus dem Berufsleben ausgeschieden sind, noch dreißig oder vierzig Jahre leben. Mit anderen Worten: Es gibt weniger erwerbstätige Menschen, die das Wirschaftswachstum aufrechterhalten und Steuern zahlen. Andererseits gibt es immer mehr Menschen, die nicht mehr arbeiten, sondern Rentenzahlungen beziehen und, was ihre medizinische und soziale Versorgung betrifft, immer stärker davon abhängen, dass

Die Rentenkrise in Großbritannien

Das vorliegende Kapitel wurde gegen Ende des Jahres 2005 verfasst, also zu einer Zeit, in der das ganze Ausmaß der Rentenkrise Großbritanniens Schlagzeilen machte. Es scheint sicher, dass dieses Thema noch für viele Jahre einen Platz an der vordersten Stelle der politischen Tagesordnung behalten wird. Der Kern des Problems besteht darin, dass es mittlerweile zur Unterstützung der Rentner in Großbritannien zu wenig Steuerzahler gibt und dass das zahlenmäßige Verhältnis der arbeitenden Bevölkerung zu den Rentnern sich weiter verschlechtert. 1960 kamen auf einen Rentner vier erwerbstätige Personen. Im Jahr 2005 kamen auf einen Rentner nur noch 2,7 erwerbstätige Personen. Man schätzt, dass es im Jahr 2050 für jeden Rentner nur noch 1,1 erwerbstätige Personen geben wird. Großbritanniens ist jedoch nicht das einzige Land, dem eine Rentenkrise bevorsteht.

der Wohlfahrtsstaat die Kosten dafür trägt. Denn verallgemeinernd lässt sich sagen, dass Menschen mit zunehmendem Alter immer pflegebedürftiger werden.

Das demographische Defizit ist besonders in Europa ein Problem, wo Frauen durchschnittlich nur 1,4 Kinder bekommen, während man schätzt, dass sie 2,1 Kinder haben müssten, um den gegenwärtigen Bevölkerungsstand zu halten. Also geht die Bevölkerung in Europa genau wie in China und Japan zurück. In Kürze wird dies auch für die Russische Föderation gelten. Tatsächlich leben über 40 Prozent der Weltbevölkerung in Ländern, deren Bevölkerung zurückgeht. Es gibt diesbezüglich allerdings große Unterschiede. So sind einige europäische Länder beispielsweise wesentlich weniger von diesem Problem betroffen als andere, und in den USA nimmt die einheimische Bevölkerung sogar zu.

Die meisten Beobachter sind sich darin einig, dass die Migration eine Möglichkeit darstellt, den Anfang zu einer Verringerung des demographischen Defizits zu machen. Bezüglich der Frage, wie groß die Rolle der Migration dabei sein kann, gehen die Meinungen jedoch weit auseinander. Solange Migranten im arbeitsfähigen Alter sind und eine Arbeit finden, solange sie legal arbeiten und somit auch Steuern zahlen, können sie in den Gastländern dazu beitragen, die sinkende Anzahl der arbeitsfähigen Menschen zu kompensieren. Hieraus folgt, so wird zumindest gelegentlich behauptet, dass eine Zunahme der Zuwanderung von Arbeitskräften im wirtschaftlichen Interesse dieser Länder liegt. Ohne eine solche Zuwanderung werden sie nicht in der Lage sein, das derzeitige Renten- und Sozialleistungsniveau zu halten.

Das Gegenargument hierzu lautet, dass die Einreise von Arbeitskräften nur eine kurzfristige Lösung des Problems darstellt, das aus der sinkenden Zahl der immer älter werdenden Erwerbstätigen resultiert, weil die Migranten selbst natürlich auch älter werden. Hinzu kommt, dass es Anzeichen dafür gibt, dass sie, selbst wenn sie aus Ländern mit einer hohen Geburtenrate stammen, die Zahl ihrer Kinder an die Geburtenrate des jeweiligen Landes anpassen, in dem sie arbeiten. Schließlich werden also auch die Migranten dazu beitragen, dass die Zahl alter Menschen zunimmt, indem sie nicht für genügend Nachkommen sorgen, die ihr Wohlergehen absichern könnten.

Man scheint sich darüber einig zu sein, dass die Migration keine »Wunderwaffe« ist: Sie allein kann das demographische Defizit nicht beseitigen, obwohl sie ein wichtiges Element in einer Reihe anderer erforderlicher Maßnahmen ist. Hierzu gehört eine Verbesserung der Anreize für Frauen, sich für Kinder zu entscheiden (zum Beispiel durch großzügigere Regelungen des Mutterschaftsurlaubs), die Anhebung des Rentenalters, damit Menschen länger arbeiten, die Erhöhung der Beschäftigungsrate dort, wo unter der einheimischen Bevölkerung eine hohe Arbeitslosigkeit herrscht, sowie die Erhöhung der Produktivität mit Hilfe technischer Innovationen. Eine weniger attraktive Alternative bestünde darin, kleinere Renten und geringere Sozialleistungen oder ein niedrigeres Wohlstandsniveau zu akzeptieren.

Die gesellschaftliche und kulturelle Bereicherung

Trotz der offensichtlich interdisziplinären Natur des Themas Migration haben sich ökonomische Untersuchungen der Zuwanderung und andere Forschungsansätze zu diesem Thema bislang kaum gegenseitig befruchtet. Obwohl es schwer ist, den Wert der nicht-ökonomischen Auswirkungen der Migration zu ermessen, muss er bei einer ausgewogenen Beurteilung sämtlicher Auswirkungen der Migranten auf die Gesellschaft dennoch berücksichtigt werden.

An den Auswirkungen auf die Gesellschaften und Kulturen der Welt fällt am meisten auf, dass die Migration sie bunter und vielfältiger gemacht hat. Beispiele hierfür sind reichlich vorhanden. Musikstile, die so unterschiedlich sind wie Jazz, Reggae und *bhangra*, verdanken sich der Migration. Ben Okri und Salman Rushdie sind weltbekannte Migrantenautoren. Die Migrationserfahrung hat außerdem eine reiche Tradition postkolonialer Literatur angeregt: Hanif Kureishis *The Buddha of Suburbia*, Zadie Smiths *White Teeth* und Monica Alis *Brick Lane* sind drei anschauliche Beispiele hierfür. Albert Camus war ein *pied noir*. Oft wird gesagt, dass Chicken Tikka Massala, ein indisches Gericht, heute die beliebteste Mahlzeit in Großbritannien ist. In bestimmten Gegenden von Kalifornien und Florida ist Spanisch heute die am häufigsten gesprochene Sprache. Überall auf der Welt haben Sportvereine ihre wichtigsten Spieler im Ausland angeworben, während in Nationalmannschaften immer häufiger Nachkommen von Migranten spielen. Zinedine Zidane, vielleicht der beste Fußballspieler seiner Generation, ist algerischer Abstammung und spielt für Frankreich.

Dieser Effekt hat sich sogar in dem Maße noch verstärkt, in dem die Vielfalt der Gemeinschaften von Zuwanderern weiter zugenommen hat. Großbritannien ist hierfür ein gutes Beispiel. Mehr als hundert Jahre lang sind Iren in großer Zahl nach Großbritannien emigriert und bilden noch immer die größte ausländische nationale Gruppierung. (Im Jahr 2003 lebten 375 000 Iren in Großbritannien.) Nach den 1950er Jahren gab es eine starke Welle der Immigration aus den früheren britischen Kolonien wie Indien, Pakistan, Jamaika und den Karibischen Inseln. Seit 1970 ist die Immigration aus Australien, Kanada, Neuseeland und Südafrika aktiv gefördert worden. In den letzten Jahren wurde diese bereits sehr vielfältige Gesellschaft durch die Ankunft von Menschen aus weiteren Ländern noch vielfältiger. So sind beispielsweise seit den 1990er Jahren sehr viele Menschen

Abb. 13: Ethnische Vielfalt auf dem Leicester Square in London

aus Afghanistan, China, dem Irak, dem Kosovo und aus Somalia nach Großbritannien gekommen. Von manchen Beobachtern wird die gegenwärtige Situation der britischen Gesellschaft daher als »Hyper-Diversivität«, d.h. als übergroße Vielfalt, beschrieben.

Eine derartige Zunahme der Vielfalt kann ein Land vor äußerst schwierige Herausforderungen stellen. Der Kopftuchstreit in Frankreich (siehe S. 158) zeigt beispielhaft, wie schwer es sein kann, eine neue Vielfalt mit historisch gewachsenen Strukturen in Einklang zu bringen. Um die Sache von einer praktischeren Seite zu beleuchten: Es ist schwer genug, eine Grundschulklasse mit dreißig Schülern, nehmen wir einmal an in Großbritannien oder den USA, zu unterrichten, von denen eine Hand voll zu Hause Urdu spricht. Es ist eine wesentlich größere Herausforde-

Der Kopftuchstreit in Frankreich

Im Februar 2004 wurde in Frankreich ein Gesetz eingeführt, das die Zurschaustellung religiöser Symbole in öffentlichen Schulen untersagte. Der größte Teil der sich daran anschließenden Diskussion konzentrierte sich darauf, ob muslimische Mädchen ein Kopftuch (oder *hijab*) tragen durften, obwohl das Gesetz sich auch auf Sikhs bezog, deren Jungen aufgefordert wurden, keinen Turban zu tragen. Der Streit um die religiösen Symbole traf ins Zentrum des Dilemmas der französischen Regierung, der es ein Anliegen ist, religiöse Gruppierungen in eine säkulare Gesellschaft zu integrieren. Verteidiger des Gesetzes bringen das Argument vor, dass Schulen neutrale Umgebungen darstellen sollten, in denen Prinzipien des Säkularismus, des Republikanismus und der Staatsbürgerschaft vermittelt werden. Die Gegner des Gesetzes vertreten demgegenüber die Auffassung, dass es sich um ein diskriminierendes Gesetz handele, das zudem noch muslimenfeindliche und anti-arabische Emotionen in Frankreich geschürt habe.

rung, eine Klasse zu unterrichten, wenn zwei Kinder zu Hause Urdu sprechen, drei gar kein Englisch sprechen, weil sie erst vor kurzem aus Somalia gekommen sind, und die Muttersprache von zwei Schülern Chinesisch ist. Insgesamt lässt sich jedoch feststellen, dass Gesellschaften, die sich den Herausforderungen der Vielfalt erfolgreich gestellt haben, unermesslich davon profitiert haben.

Die positiven und negativen Auswirkungen ethnischer Vielfalt sind in größeren Städten am deutlichsten spürbar, besonders in sogenannten »Weltstädten« wie New York, London und Hongkong. Migration ist mindestens in dreifacher Hinsicht zu einem integralen Bestandteil des Charakters dieser Städte geworden. Erstens hängen Weltstädte besonders stark von der Migration hochqualifizierter Fachkräfte und Mitarbeiter global operierender Firmen ab. Anders lässt sich dem Wachstumsbedarf des internationalen Finanzsektors, des Bereichs juristischer Dienstleistungen sowie solch hochspezialisierter Geschäftsbereiche wie dem Rechnungs- und Versicherungswesen und der Werbebranche nicht entsprechen. Von diesen Wirtschaftszweigen hängt jedoch der ökonomische Status dieser Städte weitestgehend ab. Zweitens übernehmen Migranten häufig auch Beschäftigungen mit niedrigerem Status (von denen die Infrastruktur aller Städte ebenso abhängt), wie z. B. im Personenverkehr und Transportwesen, bei der Müllentsorgung, im Hotelgewerbe, in der Bauindustrie und der Gastronomie.

Drittens haben sich internationale Migranten zunehmend in den Weltmetropolen und Großstädten angesiedelt, da dort ein Mangel an Arbeitskräften besteht. Häufig leben sie in bestimmten Vierteln oder Bezirken, da sie sich in der Regel innerhalb ihrer eigenen Gemeinschaften niederlassen, und oft suchen sie die Nähe von Orten, die ihnen – anders als die kommunalen Behörden – besondere Unterstützung gewähren können (wie etwa Kirchen, Moscheen und Gemeindezentren). Die konzentrierte Ansiedlung von Migrantengemeinschaften trägt wesentlich zur Vielfalt und zum Charakter der Großstädte bei. Weltbekannt sind Stadtbezirke wie etwa Chinatown und Little Italy in New York und London. Es kommt aber auch vor, dass Migranten in den ärmsten Stadtteilen, in sogenannten Ghettos, leben.

Eine weitere gesellschaftliche und kulturelle Bereiche-

Migranten in Städten

Es gibt weltweit zahllose Beispiele dafür, dass Migranten oft überwiegend in den ärmsten Stadtteilen leben. In den ärmsten Vororten von Paris (den *banlieues*) und anderer französischer Großstädte leben hauptsächlich Algerier und nordafrikanische Bevölkerungsgruppen. In Dharavi in Mumbai, dem angeblich größten Slum der Welt, ist Tamil die am häufigsten gesprochene Sprache (hier wohnen Migranten aus Südindien und aus Sri Lanka). In Bangkok leben Migranten aus Burma hauptsächlich im Slum Klong Toey. Viele Palästinenser leben noch immer unter armseligsten und unhygienischen Bedingungen in Flüchtlingslagern im jordanischen Amman. In Hillbrow, einem Stadtteil von Johannesburg, dessen Bewohner hauptsächlich in besetzte Häuser gezogen sind, leben vor allem Immigranten aus Nigeria und den französischsprechenden Ländern Afrikas. Die Menschen, die in den inoffiziellen Siedlungen (*asentamientos nuevos*) in San José in Costa Rica leben, kommen in der Regel aus Nicaragua. In Karatchi in Pakistan leben Bengalen, Afghanen und Burmesen vornehmlich in den inoffiziellen Bezirken (*katchi abadis*) Baldia und Orangi.

rung durch die Migranten ergibt sich möglicherweise durch die Entstehung neuer transnationaler Eigenheiten. Wie bereits in Kapitel 2 angedeutet wird Transnationalismus manchmal als politisches Problem angesehen, da hierdurch nationalstaatliche Bindungen in Frage gestellt sein können. Steve Vertovec, ein führender Theoretiker des Transnationalismus, ist hingegen der Meinung, dass der Transnationalismus das Potenzial zu gesellschaftlichen und kulturellen Veränderungen hat. Erstens schaffen transnationale Migranten neue grenzüberschreitende soziale Gebilde. Zweitens geht Transnationalismus mit einer neuen Form des Selbstverständnisses einher, da immer mehr Migranten über zwei oder sogar mehrere kulturelle Identitäten verfügen. Drittens tragen die transnationalen Migranten zur Umgestaltung von Kultur und Gesellschaft bei, indem sie die eigene Kultur in einem neuen Umfeld begreifen und darauf übertragen, so dass neue interkulturelle Mischformen entstehen. Viertens können sie eine wichtige Rolle bei der Beschaffung von Geldmitteln spielen. Die in Kapitel 4 erläuterten Geldüberweisungen ins Ausland sind ein gutes Beispiel dafür. Fünftens schaffen die transnationalen Migranten neue Zentren des politischen Engagements. Insbesondere können sie die Politik in ihren Heimatländern vom Ausland aus durch Impulse bereichern und beeinflussen. Schließlich hat man noch darauf hingewiesen, dass sich Transnationalismus in der Umgestaltung von Örtlichkeiten äußert, d. h., Migranten können die Gesellschaften, in denen sie leben, so verändern, dass sie an die Orte ihrer Herkunft erinnern.

Es gibt jedoch auch Kritiker des Transnationalismus. Einige behaupten, die oben geschilderten Prozesse seien nicht neu, während andere die Meinung vertreten, dass sie übertrieben dargestellt werden und auf die Mehrzahl der Migranten in den meisten Teilen der Welt nicht zutreffen. Dennoch würden wahrscheinlich selbst die erbittertsten Kritiker des Transnationalismus der Behauptung zustimmen, dass die Immigration mit der Globalisierung mittlerweile so eng verwoben ist, dass sich in den Zielgesellschaften wesentliche soziale, kulturelle und ökonomische Änderungen ergeben haben, die nicht mehr rückgängig zu machen sind.

8 Die Zukunft der internationalen Migration

Ich hoffe, dieses Buch hat genug Erklärungen dafür angeführt, warum der Versuch, die Zukunft der internationalen Migration vorherzusagen, zu keinen verlässlichen Ergebnissen führen kann. Begriffliche Probleme und Hindernisse bei der Datenerhebung können zur Folge haben, dass die Beantwortung der Fragen, bei wem es sich um einen Migranten handelt und wie viele es von ihnen gibt, auf Schwierigkeiten stößt. Die Migration ist mit einer breiten Palette globaler, wirtschaftlicher und sozialer Veränderungen unauflöslich verbunden, deren Dynamik einem plötzlichen Wandel unterworfen sein kann. Die für den Umgang mit Migranten und Flüchtlingen geltenden Richtlinien, die wichtige Folgen für deren Aufnahme und anschließenden Status haben, können von wechselnden Prioritäten in der Politik eines bestimmten Staates beeinflusst werden. Die Maßnahmen im Zusammenhang mit der Migration wirken sich nicht immer so aus, wie man es erhofft. Die Auswirkungen der Migration auf die nachfolgende zweite und dritte Generation unterscheiden sich je nach Land und Migrantengruppe sehr und lassen sich nicht vorhersagen.

Es ist allerdings möglich, aktuelle Tendenzen im Migrationsgeschehen und den Richtlinien zu erkennen, die die internationale Migration in den nächsten Jahrzehnten voraussichtlich mit bestimmen werden. Im vorliegenden letzten Kapitel sollen daher aus dem Blickwinkel der jeweiligen Hauptthemen der vorangegangenen Kapitel einige dieser Tendenzen benannt und kurz erörtert werden.

Migration in und aus Asien

Die meisten Beobachter würden wohl darin übereinstimmen, dass sich sowohl der Umfang als auch die Dynamik der Migration, die in Kapitel 1 erläutert wurden, auch in Zukunft wahrscheinlich weiter verändern werden. Die internationale Migration wird in absehbarer Zukunft voraussichtlich an Ausmaß und Vielfalt weiter zunehmen und sich, direkt oder indirekt, auf jeden Teil der Erde auswirken. Der Anteil der Frauen an den internationalen Migranten wird wahrscheinlich steigen. Die zeitlich befristete und zirkuläre Migration wird anscheinend in Zukunft noch stärker dominieren. Die Möglichkeiten der internationalen Migration, einen Beitrag zum weltweiten Wirtschaftswachstum zu leisten, werden weiter zunehmen. Dies wird beispielsweise dadurch geschehen, dass immer mehr hochqualifizierte Fachkräfte ihre Heimat verlassen, um im Ausland zu arbeiten. Mit ihrer zunehmenden Vielfalt werden auch die sozialen Herausforderungen der Migration wachsen. Mit anderen Worten: Migration wird ein wichtiges Thema bleiben.

Nirgendwo auf der Welt zeigt sich dies deutlicher als in Asien. Bereits in den 1970er und 1980er Jahren ist die internationale Migration aus Asien dramatisch angewachsen. Die Hauptzielländer waren Nordamerika, Australien und die Golfstaaten. Im Jahr 2000 gab es in den USA über 7 Millionen asiatische Migranten. Jahr für Jahr kam aus China – nach Mexiko – der zweitgrößte Migrantenstrom. Nach Schätzungen des OECD (der Organisation für wirtschaftliche Zusammenarbeit und Entwicklung) wurden eine Million der in Australien lebenden Menschen in Asien geboren, was einem Viertel aller Immigranten und fünf Prozent der Gesamtbevölkerung entspricht. In den Golfstaaten arbeiten mindestens 5 Millionen asiatische Migranten.

Heute nimmt die Migration jedoch hauptsächlich innerhalb von Asien zu. Im Jahr 2000 schätzte man, dass 6,2 Millionen Asiaten zwar außerhalb ihrer Heimatländer, jedoch innerhalb des asiatischen Kontinents arbeiteten. Nach Angaben der Internationalen Arbeitsorganisation (ILO) hat die Migration auf der Suche nach Arbeit innerhalb von Asien, trotz der asiatischen Finanzkrise in den Jahren von 1997 bis 1999, seit 1995 jährlich um etwa sechs Prozent zugenommen. Die hauptsächlichen Ursprungsländer der Migranten sind ärmere Länder mit einem Überschuss an Arbeitskräften, besonders China und die Philippinen, jedoch auch Bangladesch, Indien, Indonesien, Pakistan und Sri Lanka. Die hauptsächlichen Zielländer sind die sich in einer Hochkonjunktur befindenden Volkswirtschaften oder Schwellenländer, d. h. die erst in jüngerer Zeit industrialisierten Länder Ostasiens einschließlich Japan, Malaysia, Singapur und Thailand.

Das Wachstumspotenzial der internationalen Migration ist enorm. Es gibt keine Anzeichen dafür, dass das Wirtschaftswachstum in Ost- und Südostasien zurückgeht. Daher wird man davon ausgehen dürfen, dass diese Regionen auch weiterhin Arbeitsmigranten anlocken werden. China ist heute das Land mit dem weltweit drittgrößten Handelsaufkommen und hat Japan überholt. Diese Entwicklung hat sich in einem Zeitraum von nur zwanzig Jahren ereignet, und zwar insbesondere in folgenden zwei Regionen: im Delta des Perlflusses und im Jangtze-Delta. Im Perlflussdelta besteht bereits ein Mangel an Arbeitskräften. Man schätzt, dass hier zwei Millionen Arbeitskräfte fehlen. Um mit der Region des Jangtze-Deltas konkurrieren zu können, wird das Perlflussdelta seinen Arbeitskräftebedarf von Westen her decken müssen: zunächst aus anderen chinesischen Provinzen, dann aber möglicherweise auch aus anderen Gegenden Asiens, vielleicht sogar aus den afrikanischen Ländern südlich der Sahara. Das asiatische Arbeitskräfteangebot scheint weiterhin ebenso schnell zu wachsen wie die Nachfrage. Auf dem indischen Subkontinent existiert ein riesiges Arbeitskräftereservoir, und es gibt Anzeichen dafür, dass die Migrationsbereitschaft dieser Menschen zunimmt. Auch auf den Philippinen und in Indonesien gibt es ein starkes Bevölkerungswachstum, und beide Länder sehen den Export von Arbeitskräften als unerlässlich für ihre künftigen Wirtschaftsstrategien an.

Was an der Migration in und aus Asien zusätzlich auffällt, ist ihre Vielfalt. In vieler Hinsicht zeigt sie die gesamte im ersten Kapitel dargestellte veränderte Dynamik. Der Anteil der Frauen an den Migranten nimmt ständig zu, da viele der für Arbeitsmigranten in der Region verfügbaren Stellen in Privathaushalten, im Freizeitgewerbe, im Hotel- und Gaststättengewerbe sowie an Fließbändern in der Bekleidungs- und Elektroindustrie zu finden sind. Wie wir im folgenden noch sehen werden, nimmt auch die Migration von hochqualifizierten Arbeitskräften und Studenten zu, insbesondere nach Nordamerika. Am anderen Ende des sozialen Spektrums gibt es größere Gruppen von irregulären Migranten, Flüchtlingen und intern vertriebenen Menschen. Die zeitlich befristete Migration bleibt die Norm in dieser Region, da die überwiegende Mehrzahl der Migranten auf der Basis von Zeitverträgen arbeitet und die meisten asiatischen Länder sich der Vorstellung einer dauerhaften Ansiedlung von Arbeitsmigranten bisher entschieden widersetzt haben. Aber es wird auch die Entstehung einer neuen Art regionaler Migration erwartet, und zwar als Folge des Klimawandels in Ländern wie etwa Bangladesch.

Interne Migration

Das zweite Kapitel versuchte zu erläutern, wie sehr es begriffliche Schwierigkeiten, Probleme bei der Erhebung von Daten sowie Änderungen in den politischen Richtlinien erschweren zu definieren, wer ein Migrant ist. Das Kapitel konzentrierte sich dabei – wie das Buch im Ganzen – auf internationale Migranten. Die Frage nach einer Definition verkompliziert sich, wenn auch interne Migranten einbezogen werden sollen. Diese sind wesentlich zahlreicher als internationale Migranten, werden aber nur von wenigen Staaten zahlenmäßig erfasst, und sie verlassen aus ebenso vielen verschiedenen Gründen ihren Heimatort. Manchmal kann es sogar schwierig sein, sie von internationalen Migranten zu unterscheiden, zum Beispiel wenn Grenzen sich verschieben oder durchlässig sind oder wenn der Grenzverlauf nicht eindeutig ist.

Man schätzt, dass es allein in China 140 Millionen interne Migranten gibt, verglichen mit 200 Millionen internen Migranten weltweit. Hinzu kommt, dass es den Anschein hat, als werde die interne Migration in den nächsten Jahren noch schneller anwachsen als die internationale Migration. Man erwartet, dass in den nächsten zwanzig Jahren weitere 300 Millionen Chinesen innerhalb ihres Landes migrieren werden, mit anderen Worten: Allein in China wird sich die Zahl der internen Migranten verdreifachen.

Allein ihr bloßer Umfang ist Grund genug, der internen Migration mehr Aufmerksamkeit zu widmen, als dies bisher geschehen ist. Der Hauptgrund, warum die interne Migration auch für die künftige Gestalt der internationalen Migration bedeutsam ist, besteht jedoch darin, dass sie der internationalen Migration häufig vorausgeht, denn Menschen, die vom Land in die Stadt gezogen sind, migrieren häufig weiter in ein anderes Land. Es gibt verschiedene Erklärungen hierfür. Eine besteht darin, dass es die tatkräftigeren Individuen einer Gesellschaft sind, die den Weg der internen Migration wählen, und dass genau diese Menschen später wahrscheinlich auch bereit sind, das größere Risiko einer Migration über die Landesgrenzen hinweg auf sich zu nehmen. Außerdem haben sie schon persönliche Erfahrung mit der Migration gemacht. Häufig haben sie, weil sie in eine Stadt umgezogen sind, einen besseren Zugang zu Ausbildungs-, Informations- und Verdienstmöglichkeiten. Außerdem stehen ihnen mehr Reisemöglichkeiten zur Verfügung. Die interne Migration kann besonders für Frauen eine Befreiung sein, da Städte in der Regel weniger konservativ und patriarchalisch sind als ländliche Gebiete. Ferner bieten sie Frauen die Chancen einer besseren Ausbildung, eines besseren Arbeitsplatzes und größerer Unabhängigkeit.

Die interne Migration kann auch zur Entwicklung eines Landes beitragen. Man hat geschätzt, dass sie in den letzten Jahren zum Wachstum des chinesischen Bruttoinlandsprodukts jährlich bis zu 16 Prozent beigetragen hat. Der Hauptgrund hierfür ist, dass die interne Migration eine Möglichkeit darstellt, die Arbeitslosigkeit in bestimmten Bereichen zu verringern und Arbeitsmarktlücken in anderen zu schließen. Einzeluntersuchungen weisen ferner darauf hin, dass auch interne Migranten größere Geldsummen nach Hause überweisen. Man hat geschätzt, dass in China von internen Migranten jährlich der Gegenwert von 30 Milliarden US-Dollar nach Hause überwiesen wird. Diese Geldsendungen gehen hauptsächlich in ländliche Gebiete, werden meist von Arbeitern getätigt, die in eine Stadt gezogen sind und haben so dazu beigetragen, das Einkommensgefälle zwischen Stadt und Land zu verringern, regionale Wohlstandsunterschiede auszugleichen, die ländliche Armut zu reduzieren, Geld für Ausbildung und Gesundheitsvorsorge verfügbar zu machen sowie den Konsum und Investitionen zu fördern.

Migration hochqualifizierter Fachkräfte

Kapitel 3 zeigte die zahlreichen unterschiedlichen Auswirkungen der Globalisierung auf die Migration auf. Strukturelle Ungleichheiten in der Weltwirtschaft werden bestehen bleiben und auch in absehbarer Zukunft ein Grund für weitere Wanderungsbewegungen sein. Grundlegende Neuerungen im Kommunikations- und Verkehrswesen sowie die Eigendynamik der Migrationsnetzwerke und die Migrationsindustrie werden auch weiterhin die Migration verstärkt fördern. Migration und Globalisierung werden also auch künftig unauflöslich miteinander verbunden sein.

Eine der bereits ausführlicher geschilderten Auswirkungen der Globalisierung ist die zunehmende Mobilität bestimmter Bevölkerungsgruppen, insbesondere der Fachkräfte. Obwohl die Migration von hochqualifizierten Fachkräften auch in Zukunft nur einen relativ kleinen Teil der Gesamtmigration ausmachen wird, ist es wahrscheinlich, dass die Folgen spürbarer werden. Mit anderen Worten: Die wirtschaftliche Bedeutung der Migration von hochqualifizierten Fachkräften ist wesentlich größer als ihr zahlenmäßiger Umfang. Diese hochqualifizierten Arbeitskräfte bilden eine neue »kreative Klasse«, wie Richard Florida sie genannt hat, die Veränderungen in der Arbeitswelt, der Freizeit, dem Gemeinwesen und täglichen Leben herbeiführt. Bezeichnenderweise trägt das Folgewerk von Floridas einflussreichem Buch *The Rise of the Creative Class* (»Der Aufstieg der kreativen Klasse«) den Titel *The Flight of the Creative Class* (»Die Flucht der kreativen Klasse«) und schildert die zunehmende Mobilität von Fachleuten.

Veränderungen in den wirtschaftlich hochentwickelten Ländern werden voraussichtlich zur Folge haben, dass man für die Anwerbung von Fachkräften aus einem weltweit begrenzten Reservoir immer höhere Preise zahlen wird. Zu diesen Veränderungen gehören das Wachstum des Finanzsektors und der damit zusammenhängenden Dienstleistungen, eine zunehmende Abhängigkeit von Technologien in der Industrie und im Dienstleistungsbereich, ein wachsender Bedarf an Ärzten und Pflegepersonal aufgrund des demographischen Defizits sowie die wachsende Bedeutung von Erziehung, Forschung und Entwicklung zur Aufrechterhaltung der Konkurrenzfähigkeit. Die reichen Länder werden in einen »Krieg um Talente« eintreten, wie dieser Wettstreit von einigen Beobachtern bezeichnet wurde. Er wird wahrscheinlich die Migrationsbestimmungen der

Zukunft prägen. Florida zitiert in seinem zweiten Buch Pete Hodgson, Neuseelands früherer Minister für Forschung und Technologie, mit den Worten: »Wir sehen die Aufgabe der Immigrationsbehörden nicht mehr darin, Menschen fernzuhalten, sondern darin, diejenigen Talente anzuwerben, die für das wirtschaftliche Wachstum erforderlich sind.«

Als eine der wichtigsten Tendenzen der Gegenwart erweist sich, dass die USA in Zukunft, im Gegensatz zum größten Teil des 20. Jahrhunderts, nicht mehr wie selbstverständlich davon ausgehen können, die besten und intelligentesten Arbeitskräfte und Studenten erfolgreich anzulocken. In den letzten Jahren haben die Regierungen in Frankreich, Deutschland, den Niederlanden und Großbritannien erkannt, dass sie die Immigration hochqualifizierter Arbeitskräfte erleichtern müssen, und haben infolgedessen ihre diesbezüglichen Richtlinien entsprechend angepasst. In der EU wird zurzeit eine »Arbeitssucherlaubnis« für hochqualifizierte Arbeitskräfte in Betracht gezogen. Seit 2001 erleichtert Australien ausländischen Studenten den Weg in die dortige Arbeitswelt, statt von ihnen zu verlangen, dass sie in ihre Heimatländer zurückkehren. Im Jahr 2005 hat der amerikanische Senat, zum Teil als Reaktion auf wachsende Konkurrenz, beschlossen, die jährliche Quote für H-1B-Visa von 65000 auf 95000 zu erhöhen. Allem Anschein nach wird sich diese Quote in den nächsten Jahren noch weiter erhöhen.

In den vergangenen Jahren erwies sich Deutschland, aufgrund einer anhaltend hohen Arbeitslosenquote, als besonders fruchtbares Gebiet für die Anwerbung qualifizierter Arbeitskräfte. Im Jahr 2005 haben sich Australien, Neuseeland und Kanada auf die Suche nach qualifizierten Migranten aus Deutschland gemacht. Doch das Netz beginnt sich über die Industrienationen hinaus auszuweiten und umfasst nun insbesondere auch China, Indien und Ostasien. Australien und Neuseeland verfügen über Personalbeschaffungsprogramme, deren Ziel es ist, zusätzlich zur Anwerbung qualifizierter ausländischer Arbeitskräfte die eigenen Staatsbürger aus dem Ausland zurückzulocken.

Hiermit vergleichbar ist der Trend zum verstärkten Wettbewerb um ausländische Studenten. Ein Grund hierfür ist die Tatsache, dass ausländische Studenten in den meisten Ländern wesentlich höhere Studiengebühren zahlen müssen als einheimische Studenten, so dass sich die Anwerbung ausländischer Studenten für die Universitäten bezahlt macht. Wer weitsichtiger ist erkennt jedoch, dass die ausländischen Studenten von heute die qualifizierten Immigranten von morgen sind. Nach einem Bericht der OECD aus dem Jahre 2005 rekrutieren Australien, Frankreich, Deutschland, Großbritannien und die USA 70 Prozent der ausländischen Studenten aus OECD-Ländern. Im Jahr 2004 haben allein die USA 565 000 ausländische Studenten zugelassen, von denen die Hälfte aus Asien stammt. Dennoch ist der Anteil der in den USA zugelassenen Studenten in den letzten Jahren zurückgegangen, hauptsächlich aufgrund der nach dem 11. September 2001 veränderten Visa-Bestimmungen, die es Studenten bestimmter Länder erschwert haben, in die USA einzureisen. Gleichzeitig ist nicht sicher, ob der Zustrom von Studenten aus China und Indien, dem weltweit größten Reservoir an ausländischen Studenten, weiter andauern wird, da sich die Qualität der dortigen Universitäten stetig verbessert.

Diese Konkurrenz wird in den nächsten Jahren möglicherweise die Strategien der Universitäten in den USA und in Europa bestimmen.

Befristete Migration

Das vierte Kapitel befasste sich vor allem damit, wie sich die Migration auf die Entwicklung in den Ursprungsländern auswirkt. Auch in Zukunft werden die – allen Schätzungen zufolge weiter zunehmenden – Geldüberweisungen in die Heimat das beherrschende Thema sein. Nach Berechnungen der Weltbank betrug der Umfang der offiziellen Überweisungen für das Jahr 2006 weltweit 250 Milliarden US-Dollar. Die verschiedenen Diasporagemeinden werden wahrscheinlich in dem Maße, in dem mehr und mehr Ursprungsländer die durch sie gegebenen neuen Möglichkeiten erkennen, einen stetig wachsenden Einfluss gewinnen. Die Ursprungsländer werden sich daher bemühen, die Diaspora für ihre Belange zu aktivieren.

Auch die Rückkehr von Migranten in ihre Heimatländer scheint weiterhin zuzunehmen. Wie in Kapitel 4 angedeutet stellt sie auf lange Sicht vermutlich die beste Lösung für das Problem der Abwanderung hochqualifizierter Fachkräfte dar. Ein Grund hierfür ist, dass weltweit immer mehr Länder befristete Migrationsprogramme einführen, deren Ziel es ist, Arbeitsmigranten für einen bestimmten Zeitraum ins Land einreisen zu lassen, unter der Bedingung, dass sie anschließend wieder in ihre Heimat zurückkehren. Dies gilt sowohl für hochqualifizierte als auch für ungelernte Arbeitskräfte.

In den frühen 1990er Jahren lebte die größte Anzahl von

Migranten mit befristeter Arbeitserlaubnis in Deutschland, und jährlich sind seitdem zwischen 250 000 und 300 000 weitere hinzugekommen. Heute migriert der größte Teil von ihnen in die USA. Die Zahl der befristeten Arbeitserlaubnisse dort hat sich seit den frühen 1990er Jahren auf eine halbe Million im Jahr vervierfacht. Unter den Industrienationen steht Japan gegenwärtig mit jährlich etwa 200 000 befristeten Beschäftigungsverhältnissen an dritter Stelle. Obwohl die Gesamtzahl deutlich niedriger liegt, hat ihre Zahl auch in anderen entwickelten Ländern zugenommen, besonders innerhalb Europas, da neue Gesetze zur Anwerbung von Arbeitskräften eingeführt wurden.

Eine andere Methode, ausländische Arbeitskräfte für einen befristeten Zeitraum zu gewinnen, besteht darin, irregulären Migranten einen regulären Status zu gewähren und ihnen für einen begrenzten Zeitraum eine Arbeitserlaubnis zu erteilen. Im Jahr 2005 war dies eines der Hauptmotive hinter der Entscheidung Spaniens, 700 000 irreguläre Migranten zu regularisieren, von denen keiner das Recht auf einen Daueraufenthalt bekommt. Einer der Vorschläge zur Reform der Immigration, die im Jahr 2005 in den amerikanischen Kongress eingebracht wurden, nämlich die Gesetzesvorlage von John Cornyn und Jon Kyl, soll ein Programm für Arbeitskräfte auf Zeit ins Leben rufen, das auch irregulären Migranten, die vorher in ihre Heimat zurückgekehrt sind, offenstehen würde. Allerdings würde auch dieses Programm ihnen nicht gestatten, sich dauerhaft in den USA niederzulassen. Malaysia, das Hunderttausende von Arbeitskräften aus Indonesien, Bangladesch und den Philippinen anlockt, ist ebenfalls bemüht, seinen Bevölkerungsanteil an irregulären Migranten zu legalen, befristet beschäftigten Arbeitskräften zu machen. Die Regierung kündigte im Jahr 2004 an, dass sie es irregulären Immigranten bis zum Ende des Jahres erlauben würde, das Land ungestraft zu verlassen, und dass diejenigen, die rechtzeitig ausreisen, die Erlaubnis bekommen würden, auf legalem Weg zurückzukehren, um in Malaysia zu arbeiten. Als Reaktion auf die Auswirkungen des Tsunamis in Indonesien wurde die Ausreisefrist auf das Jahr 2005 verlängert.

Der Vorteil der zeitlich befristeten Migration für die Zielländer besteht darin, dass ein spezieller, örtlich begrenzter Arbeitskräftemangel für einen festgelegten Zeitraum behoben werden kann. Außerdem lassen sich auf diese Weise die längerfristigen Probleme der sozialen Integration umgehen und negative Einstellungen und Reaktionen der einheimischen Bevölkerung den Immigranten gegenüber verringern. In den Ursprungsländern kann die zeitlich befristete Migration die einheimische Arbeitslosigkeit reduzieren, und die Überweisungen aus dem Ausland tragen dazu bei, dass Geld ins Land fließt. Da die Migranten nach einem festgesetzten Zeitraum zurückkehren, können die längerfristigen Folgen der Abwanderung hochqualifizierter Fachkräfte vermieden werden. Es kann vielmehr von Vorteil sein, dass die ehemaligen Emigranten mit neuerworbenen Kenntnissen und beruflichen Fähigkeiten in ihre Heimat zurückkehren.

Doch es gibt zwei wichtige Vorbehalte gegen zeitlich befristete Migrationsprogramme. Zum einen schützen sie nicht in allen Fällen die Rechte der Migranten. Vertreter von Menschenrechtsorganisationen äußern zum Beispiel immer wieder Bedenken gegen den Umgang mit angeworbenen Haushaltshilfen in den Golfstaaten. Selbst in Ländern, in denen es keine direkte Ausbeutung gibt, wird die zeitlich befristete Migration nach Ansicht einiger Beobachter dennoch unweigerlich zwei Klassen von Migranten entstehen lassen: einerseits von dauerhaften Migranten, die Anspruch auf vollständige Integration und deren Vorteile haben, und andererseits von zeitlich befristeten Migranten, die an den Rand der Gesellschaft gedrängt werden, um sicherzustellen, dass sie wieder in ihre Heimat zurückkehren.

Der zweite Vorbehalt betrifft die Frage der Rückkehr. Skeptiker weisen auf frühere Erfahrungen mit befristeten Migrationsprogrammen in Europa hin, wo in Ländern wie Frankreich, Belgien und besonders Deutschland sogenannte »Gastarbeiter«, die ursprünglich nur für einen begrenzten Zeitraum im Land bleiben wollten, sich schließlich dauerhaft dort niedergelassen haben. Eine in diesem Zusammenhang häufig zitierte Redensart lautet: »Es gibt nichts Dauerhafteres als einen befristeten Migranten.« Ein Zitat des Schweizer Schriftstellers Max Frisch besagt dasselbe: »Wir suchten nach Arbeitskräften und bekamen Menschen.« Mit anderen Worten: Sobald Menschen ein Auskommen und ein Zuhause gefunden sowie ein soziales Netz geknüpft haben – d. h. sobald sie sich »zu Hause« fühlen –, wollen sie möglicherweise nicht mehr in ihre Heimat zurückkehren, auch wenn man es von ihnen erwartet.

Von der Kontrolle zur Verwaltung der irregulären Migration

Ich hoffe, dass Kapitel 5 deutlich gemacht hat, welch ernstes Problem die irreguläre Migration für alle davon Betroffenen darstellt – wenn auch nicht immer auf die Weise, wie es die

Berichterstattung in den Medien und einige Politiker hervorheben. Anstrengungen zur Eindämmung der irregulären Migration werden in allen Ländern auch weiterhin ein vordringliches Ziel der Migrationspolitik bleiben. Allerdings hat sich in dieser Hinsicht die Wortwahl sowohl der Politiker als auch der Wissenschaftler während der letzten Jahre zwar geringfügig, aber dennoch bedeutsam verändert. Während man früher davon sprach, die irreguläre Migration (und gewiss auch die internationale Migration im allgemeinen) zu »kontrollieren«, neigt man heute eher dazu, von der Verwaltung der irregulären Migration zu sprechen.

Dies bedeutet gewiss nicht, dass die einzelnen Staaten die irreguläre Migration weniger ernst nehmen als bisher. So hat man beispielsweise geschätzt, dass Kanada, Deutschland, die Niederlande, Großbritannien und die USA allein im Jahr 2002 für ihre Bemühungen, das Problem der irregulären Migration in den Griff zu bekommen, insgesamt etwa 17 Milliarden US-Dollar ausgegeben haben. Gleichzeitig ist man sich jedoch zunehmend darüber einig, dass die irreguläre Migration nicht vollständig unterbunden werden kann. Sie wird daher auch in Zukunft eine wichtige Komponente der internationalen Migration bleiben.

Ein Grund hierfür ist, dass die Faktoren, die den Umfang der internationalen Migration, einschließlich der irregulären Migration, mitbestimmen, z.B. die wachsende Ungleichheit in Bezug auf Wohlstand und Sicherheit in verschiedenen Gesellschaften, stark ins Gewicht fallen. Ein weiterer Grund ist, dass es manchen Staaten am politischen Willen fehlt, das Problem der irregulären Migration überhaupt anzugehen. Dies trifft besonders auf die Regierungen bestimmter Ursprungsländer zu, denen die irreguläre Migration Vorteile verschafft, da sie die Arbeitslosigkeit verringert und eine Quelle ausländischer Geldsendungen und Investitionen bedeutet. Selbst in den Zielländern kann die irreguläre Migration aus einer rein ökonomischen Sicht als zweckdienlich erscheinen. Als Ergebnis von Deregulation, Liberalisierung und größerer Flexibilität besteht ein wachsender Bedarf sowohl an ungelernten als auch an teilweise qualifizierten Arbeitskräften, die in ungesicherte Arbeitsverhältnisse übernommen werden. Die irreguläre Migration ist eine kostengünstige Möglichkeit zur Beschaffung von Arbeitskräften, da irreguläre Migranten häufig bereit sind, in Branchen zu arbeiten, in denen reguläre Migranten und Einheimische nicht arbeiten wollen.

Ein dritter Grund für die Fortdauer der irregulären Migration besteht darin, dass Gesetze, die das Ziel haben, sie zu verringern, manchmal wirkungslos geblieben sind oder sogar unbeabsichtigte Konsequenzen hatten. Obwohl der Zusammenhang empirisch nur schwer zu belegen ist, sind zahlreiche Experten beispielsweise der Überzeugung, dass die Verschärfung der für Asylanträge in Europa geltenden Einschränkungen zu einer Zunahme des Migrantenschmuggels geführt hat. Um es vereinfacht auszudrücken: Menschen werden auch weiterhin nach Europa kommen wollen – einige, weil sie vor Verfolgung fliehen, andere, weil sie dort arbeiten möchten –, und wenn sie dies nicht auf legalem Weg erreichen können, indem sie einen Asylantrag stellen, werden sie es mit Hilfe von Migrantenschmugglern versuchen.

Es hat sich als unwahrscheinlich erwiesen, dass Kontrollmechanismen wie beispielsweise Grenzzäune, biometrische Tests und Visa für sich allein die irreguläre Migration auf längere Sicht eindämmen werden. Wahrscheinlich müssen sie von aktiveren Maßnahmen begleitet werden, die auf die Ursachen der irregulären Migration zielen. Hierzu gehört auch, in den Ursprungsländern einerseits die Vorgaben für die Entwicklung zu erfüllen, um dort die Sicherheit zu erhöhen und die Lebensgrundlagen zu verbessern, und anderserseits die Möglichkeiten zur legalen Migration zu erweitern. Unrealistisch ist allerdings, wer erwartet, dass die Staaten ihre Kontrollen vollständig abschaffen und ihre Grenzen öffnen, wie es von manchen gefordert wird. Die meisten Beobachter erkennen mittlerweile an, dass die irreguläre Migration auch in absehbarer Zukunft fortbestehen wird.

Interne Vertreibung

Eine der bemerkenswertesten Aussagen in Kapitel 6 – und gewiss eine der großen Erfolgsgeschichten der gegenwärtigen internationalen Migration – ist der weltweit deutliche Rückgang der Zahl der Flüchtlinge und Asylsuchenden. Die Zahl der Flüchtlinge ist die niedrigste seit 25 Jahren; in Europa werden derzeit nur noch halb so viele Asylanträge gestellt wie noch vor 15 Jahren. Dies ist einer der Gründe dafür, warum die internationale Gemeinschaft intern vertriebenen Menschen zurzeit mehr Aufmerksamkeit widmet als bisher. Ein weiterer Grund ist, dass ihre Anzahl, im Gegensatz zu derjenigen der Flüchtlinge, stark zugenommen hat. Es gibt Schätzungen, nach denen es weltweit 24 Millionen intern Vertriebene gibt, die durch Konflikte ihre Heimat verloren haben. Viele Millionen von Menschen sind aufgrund von Umweltfaktoren gezwungen worden, ihre Heimat zu verlassen. Der asiatische Tsunami zu Ende des Jahres 2004, der sich besonders auf Sri Lanka und Indonesien ausgewirkt hat, der tropische Wirbelsturm Kathrina, der im August 2005 die Golfküste der USA verwüstete, und das Erdbeben im Norden Pakistans im Oktober 2005 haben weitere Millionen Menschen vertrieben. Noch weitere wurden infolge von Entwicklungsprojekten verdrängt, wie z.B. durch den Bau von Staudämmen und neuen Städten.

Darüber hinaus hat die internationale Gemeinschaft in den letzten Jahren die neue Bereitschaft erkennen lassen, in die internen oder souveränen Angelegenheiten anderer Länder einzugreifen. Einerseits, um humanitäre Unterstützung anzubieten, andererseits jedoch auch, um Veränderungen herbeizuführen. Politikwissenschaftler sind der Ansicht, dass der Begriff von Souveränität im Wandel begriffen ist und dass immer mehr Staaten erkennen, dass die Souveränität nicht nur Rechte mit sich bringt, sondern auch die Verantwortung für den Schutz der Staatsbürger bedeutet. In Situationen, in denen ein Staat keine Möglichkeit hat, diesen Schutz zu gewährleisten, sollte er die internationale Gemeinschaft um Hilfe bitten.

Aus diesen Gründen beginnt die internationale Flüchtlingsordnung auch intern vertriebene Menschen mit einzubeziehen, wenn auch noch nicht in vollem Umfang. Einerseits gibt es keine Anzeichen dafür, dass eine neue Konvention verfasst oder eine neue UN-Behörde ins Leben gerufen wird. Andererseits hat die UN eine Reihe von Richtlinien zu internen Vertreibungen herausgegeben, die – obwohl sie im Gegensatz zu einer Konvention nicht rechtlich bindend sind – in weiten Kreisen dennoch als Empfehlungen für die Entwicklung nationaler Gesetze und Strategien angesehen werden. Hinzu kommt, dass eine Reihe von UN-Behörden, einschließlich des UNHCR, ihre Verantwortlichkeit ausdrücklich auf bestimmte Kreise intern vertriebener Personen ausgeweitet hat.

Doch zu diesem Thema gibt es auch kontroverse Meinungen. So sind einige Beobachter etwa der Ansicht, dass eine offiziellere und verbindlichere Lösung für das Problem der intern Vertriebenen gefunden werden muss: Warum soll es eine riesige UN-Behörde für 9 Millionen Flüchtlinge, jedoch keine für 24 Millionen intern Vertriebene geben? Andere halten dem entgegen, dass intern Vertriebene Staatsbürger ihrer jeweiligen Länder sind und dass ihre Notsituation nicht über der zahlreicher anderer armer Menschen stehen darf, die nicht innerhalb ihrer Landesgrenzen vertrieben worden sind. Wie in Kapitel 6 erläutert droht dem UNHCR schon jetzt eine Finanzkrise, und Kritiker würden noch hinzufügen, dass es bei der Wahrnehmung seines Mandats für Flüchtlinge nicht immer sonderlich effektiv gewesen ist. Wie kann das UNHCR also hoffen, zusätzlich viele Millionen intern vertriebener Menschen zu schützen und ihnen zu helfen? Wie auch immer die Lösung dieses Problems aussehen mag: Intern vertriebene Menschen geraten immer mehr in den Aufgabenbereich der UN und anderer humanitärer Organisationen und werden darin in den kommenden Jahren eine bedeutsame Rolle spielen.

Respekt für Migranten

Kapitel 7 zählte einige der wichtigsten Themenbereiche auf, die mit den ökonomischen, politischen, sozialen und kulturellen Auswirkungen der Migration auf die jeweiligen

Zielländer zusammenhängen. Die Gesellschaft wird zweifellos auch weiterhin mit den Herausforderungen der Integration zu ringen haben, und zwar nicht nur weil Umfang und Vielfalt der Migration zunehmen, sondern auch dadurch, dass sie sich an neue Gegebenheiten in der Weltwirtschaft, eine neue Sicherheitsdoktrin und grundlegende demographische Änderungen anpassen muss. Im Jahr 2005 führte das einflussreiche *Migration Policy Institute* in Washington (D.C.) eine Befragung unter Migrationsfachleuten zu den zehn wichtigsten Migrationsthemen durch. Als wichtigstes Thema wurde dabei die Herausforderung genannt, die europäischen Muslime in die jeweiligen Gesellschaften zu integrieren. Obwohl es sich hierbei eindeutig um eine Reaktion auf eine Reihe spezieller Ereignisse im Laufe des Jahres 2005 handelte – die Bombenanschläge in London, die Verurteilung eines Marokkaners der zweiten Generation zu lebenslanger Haft (für die Ermordung des Filmemachers Theo van Gogh in den Niederlanden) sowie die zwei Wochen andauernden Unruhen in sozial benachteiligten Immigrantengemeinschaften in Paris und anderen größeren Städten Frankreichs –, ist es dennoch bezeichnend, dass das Thema Integration heute an oberster Stelle der politischen Tagesordnungen steht.

Viele Beobachter befürchten indes, dass das Thema der Rechte von Migranten derzeit droht, umfassenderen nationalen und internationalen ökonomischen, politischen – insbesondere auch sicherheitspolitischen – Fragen untergeordnet zu werden. Doch der Rechtsschutz für Migranten wird wahrscheinlich in der näheren Zukunft ein sehr bedeutsamer Aspekt der Migrationspolitik bleiben.

Kapitel 7 schilderte einige Beispiele für beruflich erfolgreiche Migranten – Unternehmer, hochqualifizierte Fachkräfte und transnationale Arbeitskräfte –, es lieferte aber auch Hinweise darauf, dass bestimmte Gruppen von Migranten häufig arbeitslos sind oder Arbeitsplätze mit geringem Status annehmen und in Armut leben. Es gibt hinreichende Beweise dafür, dass Migranten speziellen Benachteiligungen ausgesetzt sein können. Häufig haben sie keine oder nur eingeschränkte rechtliche Ansprüche und werden vom Straftrechtssystem diskriminiert. Ebenso eingeschränkt ist ihr Zugang zu schulischer und beruflicher Bildung sowie zur Gesundheitsvorsorge. Oft sind sie von der Teilnahme am politischen Leben ausgeschlossen. Es kann auch vorkommen, dass sie Schikanen, Hass oder Gewalt ausgesetzt sind, die rassistische oder religiöse Motive haben.

Die Situation von Frauen ist häufig besonders schwierig. Einige Frauen sind natürlich äußerst erfolgreich, und die Migration kann den Einfluss und die Macht von Frauen stärken. Doch Frauen, die migrieren, um entweder zu heiraten oder um in Privathaushalten, im Freizeitgewerbe oder in der Sex-Industrie zu arbeiten, sind besonders anfällig dafür, der Ausbeutung und sozialen Isolation zum Opfer zu fallen. Dies wurde bereits im Zusammenhang mit den speziellen Problemen des Menschenhandels verdeutlicht. Migrantinnen machen fast überall die Erfahrung, auf dem Arbeitsmarkt der Diskriminierung ausgesetzt zu sein. Sie werden beispielsweise entlassen oder sogar des Landes verwiesen, wenn sie schwanger werden; sie werden sozial geächtet, wenn sie sich mit HIV/AIDS infizieren, oder sie geraten in Gefahr, weil ihre Männer gegen sie gewalttätig werden, besonders in verarmten Gruppen am Rande der

Gesellschaft. Da sie viel häufiger als Männer zu Hause bleiben, haben sie es schwerer, Sprachkompetenz zu erwerben und ein Netz von Sozialkontakten zu knüpfen. Beides ist aber für die Integration in die neue Gesellschaft unerlässlich.

Kinder erfordern ebenfalls besondere Aufmerksamkeit. Häufig sind sie stärker als Erwachsene dadurch traumatisiert, dass sie ihr gewohntes Leben zurückgelassen haben und sich in einer Gesellschaft wiederfinden, deren Sprache und Kultur sich von der ihnen vertrauten stark unterscheidet. Die Migration kann zu Spannungen zwischen den Geschlechtern und Generationen einer Familie führen, was sich wiederum direkt auf das Wohlergehen ihrer jüngsten Mitglieder auswirkt. In den schlimmsten Fällen kann dies zu Gewalt, besonders gegen Mädchen und junge Frauen, und zu sexuellem Missbrauch führen. Während ihres Heranwachsens können Migrantenkinder außerdem Gefühle der Entfremdung und Unsicherheit bezüglich der eigenen Identität und Zugehörigkeit erleben, besonders wenn sie auf Diskriminierung und Fremdenfeindlichkeit stoßen.

Schlussbetrachtung

Allgemeines Ziel dieser kurzen Einführung war es, den Ton für eine sachlichere Beschäftigung mit dem Thema der internationalen Migration vorzugeben. Eine so geartete Auseinandersetzung sollte die Fakten heranziehen, statt sich auf übertriebene Berichte in den Medien zu stützen. Sie muss regionale Belange in umfassendere, weltweite Zusammenhänge einordnen. Darüber hinaus ist es wichtig, dass sie sämtliche Bevölkerungsbewegungen berücksichtigt, statt sich lediglich auf einzelne Gruppen zu konzentrieren und diese gar zu dämonisieren. Sie sollte die Bezeichnung »Migrant« auf eindeutige, stimmige und nichtdiskriminierende Weise verwenden und um die Grenzen der Aussagekraft von Statistiken wissen. Eine ausgewogene Sicht der Vor- und Nachteile sämtlicher Aspekte der Migration ist vonnöten – zum Wohl aller, die davon betroffen sind.

Abkürzungen

GCIM: Global Comission on International Migration (Globale Kommission zur Internationalen Migration)

HDI: Human Development Index (UN-Entwicklungsindex)

ILO: International Labour Organization (Internationale Arbeitsorganisation)

IOM: International Organization for Migration (Internationale Organisation für Migration)

NAFTA: North American Free Trade Agreement (Nordamerikanisches Freihandelsabkommen)

NGO: Non-Governmental Organization (Nichtregierungsorganisation, NRO)

OECD: Organization of Economic Cooperation and Development (Organisation für wirtschaftliche Zusammenarbeit und Entwicklung)

UNDESA: United Nations Department of Economic and Social Affairs (Abteilung für Wirtschafts- und Sozialfragen bei den Vereinten Nationen)

UNDP: United Nations Development Program (Entwicklungsprogramm der Vereinten Nationen)

UNHCR: United Nations High Commissioner for Refugees (Hoher Flüchtlingskommissar / Hochkommissariat der Vereinten Nationen für Flüchtlinge)

Weiterführende Literatur

Es gibt eine äußerst umfangreiche Forschungsliteratur über internationale Migration und Flüchtlinge. Im folgenden sind einige wichtige weiterführende Werke zusammengestellt, anhand deren interessierte Leser die Themen, die in den einzelnen Kapiteln des vorliegenden Buches vorgestellt wurden, vertiefen können. Die Liste ist jedoch keineswegs umfassend. Ein großer Teil der Forschung, auf die sich dieses Buch stützt, ist in Fachzeitschriften veröffentlicht worden: *Asia and Pacific Migration Journal* (Quezon City: Scalabrini Migration Center), *International Migration* (Washington, D.C.: Institute for the Study of International Migration), *International Migration Review* (New York: Center for Migration Studies), *Journal of Ethnic and Migration Studies* (Brighton: University of Sussex Centre for Migration Research) und *Journal of Refugee Studies* (Oxford: Refugee Studies Centre) sind wichtige Quellen für Aufsätze, die den neuesten Forschungsstand wiedergeben. Auch die Webseite des Centre for Migration, Policy, and Society (COMPAS) der Universität Oxford (www.compas.ox.ac.uk) und die Migration Information Source (www.migrationinformation.org) des Migration-Policy-Institutes sind gute Ausgangspunkte für die Recherche nach weiterführender Literatur. Auf den Webseiten der IOM (www.iom.int) und des UNHCR (www.unhcr.ch) findet man Berichte und Informationen zu den Themen internationale Migration und Flüchtlinge.

Kapitel 1

IOM, *World Migration Report 2010: The Future of International Migration*, IOM 2010, ist die neueste Ausgabe einer regelmäßigen Publikation der IOM, die sowohl einen Überblick über aktuelle Fragen zur Migration als auch aktuelle Informationen dazu bietet.

Stephen Castles / Mark Miller, *The Age of Migration: International Population Movements in the Modern World*, 3. Aufl. London: Macmillan 2003, ist das maßgebliche Buch über die geographischen

Muster und Abläufe der Migration in der Gegenwart. Es enthält eine Übersicht über die wichtigsten theoretischen Ansätze und Diskussionen.

Robin Cohen, *The Cambridge Survey of World Migration*, Cambridge: Cambridge University Press, 1995, ist eine umfassende Sammlung kürzerer Aufsätze zu verschiedenen Fragen der globalen Migration in den letzten drei Jahrhunderten.

Kapitel 2

Alex Aleinikoff / Douglas Klusmeyer, *Citizenship Today: Global Perspectives and Practices*, Carnegie Endowment for International Peace 2001, enthält eine globale Vergleichsübersicht verschiedener Modelle und Richtlinien zur Integration und Staatsbürgerschaft.

Paul Boyle / Keith Halfacree / Vaughan Robinson, *Exploring Contemporay Migration*, London: Longman, 1998, bietet eine Übersicht über die Begriffe und Kategorien der internationalen Migration.

Steven Vertovec / Robin Cohen, *Migration, Diasporas and Transnationalism*, Cheltenham: Edward Elgar, 1999, ist eine Sammlung der wichtigsten Forschungsaufsätze und Texte der vorausgehenden zwanzig Jahre zu den Themen Diaspora und Transnationalismus.

Kapitel 3

Stephen Castles / Alastair Davidson, *Citizenship and Migration: Globalisation and the Politics of Belonging*, London: Macmillan, 2000, untersucht die Auswirkungen der Globalisierung auf neue Formen der Migration und Identität.

Stephen Castles / Mark Miller, *The Age of Migration: International Population Movements in the Modern World* (siehe Hinweis zu Kap. 1), enthält eine genaue Analyse der Beziehungen zwischen Globalisierung und internationaler Migration.

Peter Stalker, *Workers without Frontiers: The Impact of Globalization on International Migration*, Boulder (Colo.): Lynne Rienner, 2000, untersucht Tendenzen der Migration von Arbeitskräften sowie die Richtlinien dazu aus einer globalen Perspektive und geht auf die Diskussion über offene Grenzen für Arbeitskräfte ein.

Kapitel 4

IOM, *World Migration 2005: Costs and Benefits of International Migration*, IOM 2005, hat Migration und Entwicklung zum Schwerpunktthema.

Ron Skeldon, *Migration and Development: A Global Perspective*, London: Longman, 1997, bietet eine Übersicht über die Beziehung zwischen Migration und Entwicklung. Ein besonderer Schwerpunkt ist die Situation in Asien.

UNDESA, *World Economic and Social Survey 2004*, UNDESA 2005, behandelt vor allem die gegenwärtige internationale Migration und enthält Informationen sowie gründliche Analysen.

Kapitel 5

Ko-Lin Chin, *Smuggled Chinese: Clandestine Immigration to the United States*, Philadelphia: Temple University Press, 1999, ist eine detaillierte Untersuchung des Migrantenschmuggels zwischen China und den USA.

Bill Jordan / Franck Duvell, *Irregular Migration: The Dilemmas of Transnational Mobility*, Cheltenham: Edward Elgar, 2003, enthält eine theoretische Übersicht zur irregulären Migration sowie eine Reihe von Fallstudien über Bevölkerungsgruppen, die aus irregulären Migranten bestehen. Schwerpunkt ist die Situation in Großbritannien.

David Kyle / Rey Koslowski (Hrsg.), *Global Human Smuggling*, Baltimore: Johns Hopkins Press, 2001, ist eine Sammlung von Einzelstudien zu den weltweiten Phänomen Migrantenschmuggel und Menschenhandel.

Kapitel 6

Gil Loescher, *The UNHCR and World Politics: A Perilous Path*, Oxford: Oxford University Press, 2001, schildert die Entwicklung des UNHCR und der internationalen Flüchtlingsordnung.

Susan Forbes Martin, *Refugee Women*, 2. Aufl. Lexington (Mass.): Lexington Books, 2003, konzentriert sich auf Flüchtlingsfrauen und Vorschläge zu relevanten Richtlinien.

UNHCR, *The State of the World's Refugees*, Oxford: Oxford University Press, 2006, ist eine Publikation aus einer Reihe, deren Bände vom UNHCR alle zwei Jahre herausgegeben werden. Sie enthält eine Übersicht zu aktuellen Asyl- und Flüchtlingsfragen sowie neueste Informationen.

Kapitel 7

George Borjas, *Friends or Strangers: The Impact of Immigration on the US Economy*, New York: Basic Books, 1990, untersucht die Auswirkungen der Immigration auf die Wirtschaft der USA im 20. Jahrhundert.

Robin Cohen / Zig Layton-Henry, *The Politics of Migration*, Cheltenham: Edward Elgar, 1997, enthält eine Übersicht über die politischen Auswirkungen der Migranten und der Migration.

Alejandro Portes / Ruben Rumbaut, *Immigrant America: A Portrait*, 3. Aufl. Berkeley: University of California Press, 2006, untersucht die verschiedenen Auswirkungen der Immigration auf die USA.

Kapitel 8

Wayne Cornel / Phil Martin / Jim Hollifield, *Controlling Immigration: A Global Perspective*, 2. Aufl. Stanford (Cal.): Stanford University Press, 2003, ist ein weltweiter Vergleich von Richtlinien zur Regelung der Migration und der ihnen zugrundeliegenden Einstellungen und Ansichten.

Richard Florida, *The Flight of the Creative Class: The New Global Competition for Talent*, New York: HarperCollins, 2005, untersucht die Migration hochqualifizierter Arbeitskräfte und den weltweiten Wettbewerb um Fachleute.

Ari Zolberg / Peter Benda (Hrsg.), *Global Migrants, Global Refugees: Problems and Solutions*, New York: Oxford University Press, 2001, ist eine Sammlung von Einzelstudien zu den aktuellen und künftigen Herausforderungen der Migration und des Flüchtlingsproblems.

Abbildungsnachweis

Personen- und Sachregister

Zum Autor

KHALID KOSER ist Fellow für humanitäre Fragen und stellvertretender Direktor des Brookings-Bern-Projekts zur internen Vertreibung und Umsiedlung am Brookings-Institut in Washington (D.C.). Von 2004 bis 2005 arbeitete er für die Globale Kommission zur Internationalen Migration, für die er den Kommissionsbericht an den Generalsekretär der UN mitverfasste. Er hat zahlreiche Arbeiten zur internationalen Migration und zur Flüchtlingsproblematik veröffentlicht und ist Herausgeber bzw. Mitherausgeber von vier Büchern zu diesem Thema, u.a. *New Approaches to Migration?* (2001) und *New African Diasporas* (2003).